1866—1925

叶剑英故居

·红色记忆·丛书

GUANGDONG HONGSE ZHILü

广东红色之旅

◎ 王国梁　谢东江/编著

南方出版传媒
广东人民出版社
·广州·

图书在版编目（CIP）数据

广东红色之旅 / 王国梁，谢东江编著. — 广州：广东人民出版社，2011.6（2021.3 重印）

ISBN 978-7-218-07142-8

Ⅰ. ①广… Ⅱ. ①王…②谢… Ⅲ. ①革命纪念地—介绍—广东省 Ⅳ. ①K878.23

中国版本图书馆 CIP 数据核字（2011）第 091011 号

广东红色之旅

王国梁 谢东江 编著

出 版 人：肖风华

责任编辑：曾玉寒 卢雪华
封面设计：艺和天下
绘 图：贾 萌
责任技编：周星奎

出版发行：广东人民出版社
地 址：广州市海珠区新港西路 204 号 2 号楼（邮政编码：510300）
电 话：（020）85716809（总编室）
传 真：（020）85716872
网 址：http://www.gdpph.com
印 刷：广州市浩诚印刷有限公司
开 本：787mm×1092mm 1/16
印 张：18 **字 数**：255 千
版 次：2011 年 6 月第 1 版
印 次：2021 年 3 月第 3 次印刷
定 价：38.00 元

如发现印装质量问题，影响阅读，请与出版社（020-85716849）联系调换。
售书热线：（020）85716826

目录

广东红色经典线路

广东各市红色之旅

广东红色之旅

广东红色经典线路

线路一

英雄城市

——广州红色之旅

GUANGZHOU

旅游线路示意图

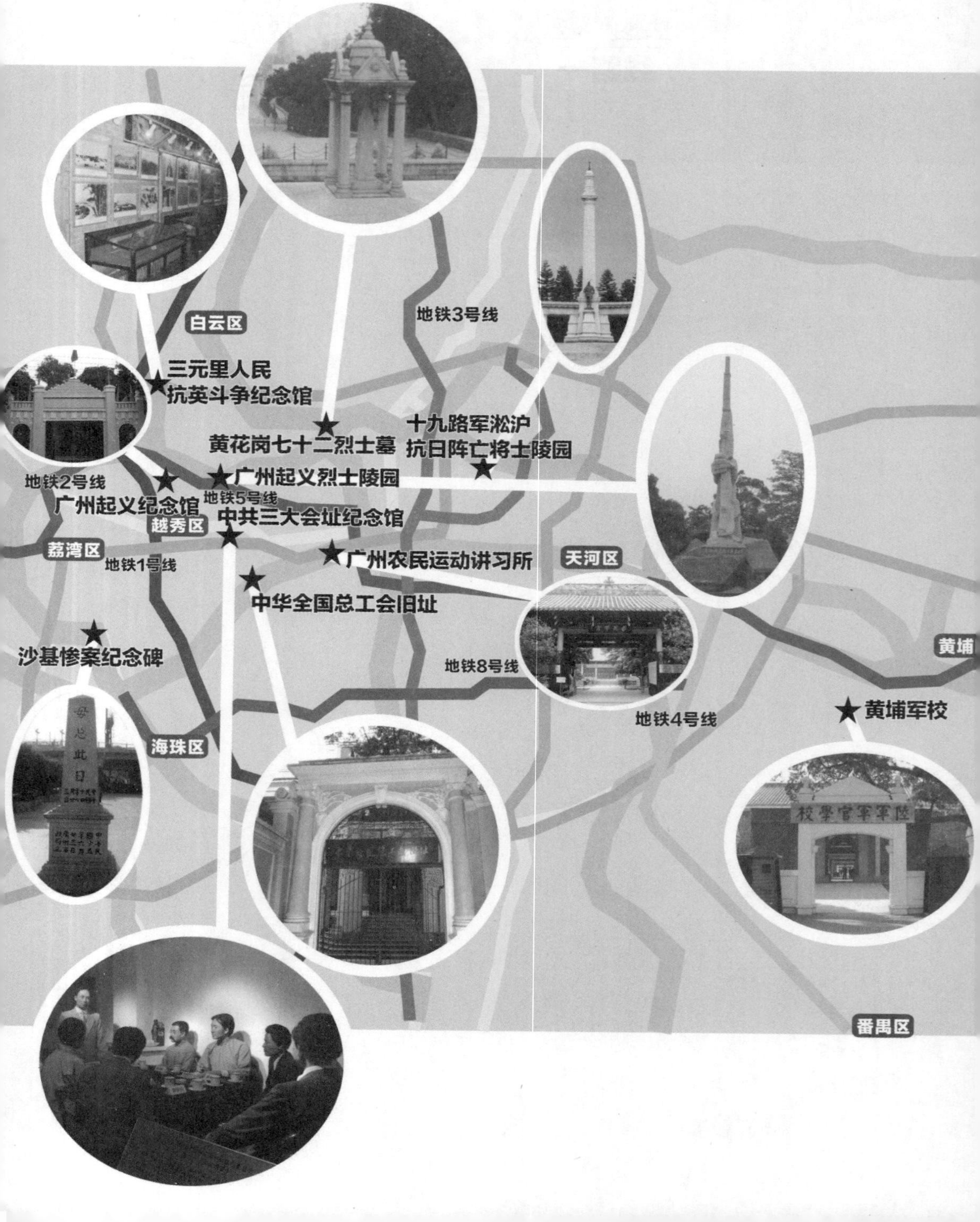

白云区
地铁3号线
三元里人民
抗英斗争纪念馆
黄花岗七十二烈士墓
十九路军淞沪
抗日阵亡将士陵园
地铁2号线
广州起义烈士陵园
广州起义纪念馆
地铁5号线
中共三大会址纪念馆
越秀区
荔湾区
地铁1号线
广州农民运动讲习所
天河区
中华全国总工会旧址
沙基惨案纪念碑
地铁8号线
黄埔
地铁4号线
黄埔军校
海珠区
番禺区

历史回放

白云山高，珠水流长。两千多年的历史积淀和多种文化的融合，铸造了广州的辉煌。广州是一方富庶之地，又是一座有着深厚革命历史传统的“英雄城市”，在中国近现代史上有着举足轻重的地位。从近代睁眼看世界到辛亥革命的成功，多少仁人志士在广州或著书立说，或奔走呼号，或英勇奋战，广州成为近代民主革命的策源地。在我党成立初期，广州共产党小组是中国共产党成立前国内最早建立的六个共产主义小组之一。大革命时期，广州是中国大革命的策源地和中心地，意义深远的中共三大在广州召开，著名的黄埔军校和农民运动讲习所在广州举办，声势浩大的省港大罢工在香港、广州爆发，东征、南讨和北伐从广州这个革命大本营出发。土地革命战争时期，中共广东省委和广州市委领导组织和发动了震惊世界的广州起义，建立了广州苏维埃政府，这是工农武装夺取政权的一次伟大尝试。抗日战争时期，中共广州地方组织开展了轰轰烈烈的抗日救亡运动，东江抗日游击队和珠江抗日游击队不仅在广州外围取得了辉煌的战果，也卓有成效地领导了广州的地下斗争。解放战争时期，中共广州市委重建以后，积极领导广州人民开展和平民主运动，开展政权建设和城市接管的准备工作，有力地配合解放大军入粤作战，迎来了广州的解放。我党著名领导人毛泽东、周恩来、刘少奇、叶剑英、聂荣臻、徐向前、邓颖超等老一辈无产阶级革命家都曾在广州从事过革命活动，留下了深深的足迹。

◎线路点评

这是一条理解广州之所以被称为“英雄城市”的深刻含义所在的红色经典线路，徜徉在那令人心潮澎湃的红色史迹中，革命前辈们那艰难岁月中的艰苦奋斗、不屈不挠、视死如归的大无畏精神，让人敬佩不已。

红色景点

三元里人民抗英斗争纪念碑与纪念馆

位于广州市广园西路三元里村。

1840年6月，英国发动对华鸦片战争。次年5月29日，英军劫掠队到三元里一带抢劫、侮辱妇女，三元里附近103乡人民“义愤同赴”，组成反侵略武装抵御英军。5月30日晨，数千名义勇逼近英军司令部所在的四方炮台，诱敌至牛栏岗，经过一天激战，三元里人民大获全胜。为纪念这一英雄壮举，广州市人民政府于1950年10月在三元里村西门楼的山冈上建起了三元里人民抗英烈士纪念碑，于1961年将当年三元里人民抗英的三元古庙遗址辟为三元里人民抗英斗争纪念馆。目前，三元里人民抗英斗争纪念馆被确定为全国重点文物保护单位。

黄花岗七十二烈士墓

位于广州市先烈中路79号，为纪念孙中山先生领导的同盟会在广州起义战役中牺牲的烈士而建。

1911年4月27日（农历三月廿九日），孙中山领导下的同盟会为推翻清政府在广州举行武装起义，骨干会员百余人牺牲，起义失败。同盟会会员潘达微冒死收殓烈士遗骸72具，葬于黄花岗。1918年，爱国人士和海外华侨为了纪念这次起义的死难烈士，捐资修建了这座烈士陵园。新中国成立后，人民政府加强整治保护，1981年和1986年两次拨款维修，使之浩气重现。1961年黄花岗烈士墓被国务院公布为全国重点文物保护单位。1986年被评为羊城新八景之一，名“黄花浩气”。现在这里既是革命纪念地，也是参观游览的名胜景点。

▶中共三大会址纪念馆

位于广州市恤孤院路3号，2006年在中央、广东省委和广州市委的高度重视下建立。中共三大旧址曾被历史淹埋了70多年。

1923年6月12日至20日，在共产国际的指导和帮助下，中国共产党第三次全国代表大会在广州召开。大会决定在保持中国共产党政治上、组织上、思想上的独立性的前提下，全体共产党员以个人身份加入国民党，共同开展国民革命运动，以推翻帝国主义和封建军阀在中国的反动统治。大会正确制定了党的统一战线的方针政策，为中国革命统一战线最终形成奠定了基础，对随后大革命高潮的到来产生了决定性的作用。

中共三大会址纪念馆通过翔实的资料、珍贵的文物并借助多媒体视频等高科技手段，对“中共三大召开的历史背景”、“中共三大的召开”、“国共合作的实现”、“中共三大的历史作用和深远影响”作了全面介绍和展示，是弘扬革命传统、进行爱国主义教育和党性教育的重要平台。

▶广州起义烈士陵园

位于广州市中山三路较场北面的红花岗，“百个全国红色旅游经典景区”之一。

中国共产党人和革命群众为反抗国民党反动派的疯狂迫害和屠杀，1927 年 12 月 11 日凌晨，在当时的中共广东省委书记张太雷以及叶挺、叶剑英、苏兆征、聂荣臻、徐向前领导下，发动了广州起义。由于敌强我弱，起义最终失败，有 5700 多名共产党员和革命群众惨遭杀害。新中国成立后，广州市政府在当年烈士牺牲的红花岗兴建了这座富有民族风格的烈士陵园。全园总面积 18.6 公顷，分为纪念瞻仰区—陵区和休憩游览区—园区，有高达 45 米的广州起义烈士纪念碑，有景色清幽的叶剑英元帅墓和古朴端庄的四烈士墓，有为纪念举行“刑场上的婚礼”的周文雍、陈铁军烈士而建造的“血祭轩辕亭”，有为纪念

广州起义中牺牲的苏联和朝鲜烈士而建造的“中苏人民血谊亭”和“中朝人民血谊亭”。

►广州起义纪念馆

位于广州市起义路200号，是为纪念1927年12月11日中国共产党领导的广州起义，以广州苏维埃政府——广州公社旧址为馆址建立的纪念性博物馆。馆名由叶剑英于1978年题写。现存文物建筑包括院内大门、中楼（苏维埃政府办公地方）、南楼（警卫连宿舍）、北楼（起义指挥部）、拘留所等，总面积6700平方米。纪念馆前身是1956年在南楼开辟的广州起义陈列室。1961年旧址被

国务院列为全国重点文物保护单位。1987年成立广州起义纪念馆。2007年，为纪念广州起义爆发80周年，中共中央党史研究室、国家文物局、中共广东省委、中共广州市委联合在纪念馆北楼举办了“广州起义八十周年陈列展”，以150多件珍贵的文物资料、350多张历史图片，并广泛使用油画、模型以及三维动漫、多媒体视频等高科技手段，完整地展示了广州起义的过程。该展览长期向游客开放。

►广州农民运动讲习所

位于广州市中山四路42号。这是一处红墙黄瓦、古色古香的古建筑群，前身为番禺学宫，是明清时期番禺县培养儒生和祭祀孔子的主要场所。1926年5月至9月，毛泽东同志在这里主办第六届农民运动讲习所，古老的番禺学宫成

了革命的摇篮。第六届农民运动讲习所由毛泽东任所长，教员有萧楚女、彭湃、周恩来、阮啸仙、恽代英、赵自选等，开设了政治、经济、文化、军事、历史等 20 门课程。学员来自全国 20 个省区，共 318 名，毕业后分赴全国各地进行革命活动，播下了许多革命种子。2005 年，被国家发展和改革委员会、中共中央宣传部、国家旅游局等定为“百个全国红色旅游经典景区”之一。

▶中华全国总工会旧址

位于广州市越秀南路 89 号。中华全国总工会旧址是中华全国总工会成立后的第一个总部所在地，原为“惠州会馆”，1924 年为国民党中央工人总部所在地。1925 年 5 月，在中国共产党的领导下，第二次全国劳动大会在广州召开，决定成立中华全国总工会。全总成立后，此处成为大革命时期领导全国工人运动的中心。旧址为三层楼房，一楼是广州工代会礼堂和办公室，二、三楼是全总礼堂和办公室。1926 年在门前两侧修筑“工农运动死难烈士纪念碑”和“廖仲恺先生牺牲处纪念碑”。中华人民共和国成立后，人民政府多次拨款对旧址进行修缮并辟为纪念馆，1988 年被列为全国重点文物保护单位。

沙基惨案纪念碑

位于广州市沿江西路人民桥脚东侧。1925 年 6 月 23 日，香港罢工工人和广州市的工人、农民、学生、青年军人及其他群众 10 万余人，在广州举行“上海惨案”追悼大会，会后举行游行示威。14 时 40 分，游行队伍路过沙基西桥时，突然遭到沙面租界英国军警的排枪射击，52 人被打死，170 余人受重伤，轻伤不计其数，此为骇人听闻的“沙基惨案”。惨案发生后，广州国民政府立即照会英、法等国提出抗议，国民政府决定为烈士举行隆重国葬。1926 年 6 月 21 日，广州市政府在沙面西桥东侧建立纪念碑，碑上镌刻“毋忘此日”四个字。此后纪念碑又几经拆毁和移址重建。2001 年，依原“毋忘此日”碑之设计图重建于沿江西路人民桥脚东侧。现被列为广州市荔湾区爱国主义教育基地。

十九路军淞沪抗日阵亡将士陵园

位于广州市水荫路 113 号，是为纪念国民革命军第十九路军 1932 年“一·二八”淞沪抗日战役中阵亡将士，于 1933 年由华侨捐资建成。整座陵园建筑规模宏伟，布局严谨，造型庄重典雅。陵园作为中国近现代人民斗争史的见证，是全国重点烈士纪念建筑物保护单位和爱国主义教育基地。

▶黄埔军校

位于广州市黄埔区长洲岛上，是 1924 年孙中山在中国共产党和苏联的帮助下创办的一所新型陆军军官学校，是第一次国共合作的产物，国共两党都派出了一批重要干部参加领导工作。军校办至第七期，1930 年 9 月迁往南京。师生们在反帝反封建、争取国家统一的斗争中，建立铁的纪律，形成了亲爱精诚、团结合作、卫国爱民、不怕牺牲的作风，被称为“黄埔精神”。1924—1927 年，共有近 800 名中共党员在军校或任教官或当学员，他们中一大批成长为党和国家的栋梁。军校名将辈出，战功显赫，扬威中外，影响深远，在中国现代史上占有显赫的地位。

军校大部分建筑物于 1938 年被日军飞机炸毁，1965 年复原，1993 年文物部门再次重修，恢复了它的历史原貌。1988 年被列为全国重点文物保护单位。

历史小故事

攻打广州伪公安局

1927 年 12 月，坐落在维新路的伪公安局，是广州起义时最顽固的反动堡垒。这里防范严密，门前有坚固的铁棚，院内有铁甲车护卫，四周布满岗楼哨所，配有重轻机枪，一触即发。而且伪公安局长朱晖日已闻暴动风声，连日调兵遣将，加强警戒。要攻下它决非易事。

接受攻打任务的工人赤卫队第一联队和罢工工人敢死队，以攻无不克的英雄气概，战斗一开始，便按计划分两路合围公安局。顿时杀声震天，人如潮涌，赤卫队员如猛虎下山，蛟龙入海。被惊醒了的敌人慌乱架起机枪，并以铁甲车为掩护，疯狂向赤卫队员扫射。前面的一些队员受伤倒在血泊里，后面的队员又冲上前去。由于敌人火力太猛，赤卫队员一时难以接近。在这关键时刻，教导团的士兵赶到了。他们迅速用火力压住顽抗的敌人，并炸毁铁甲车。赤卫队员们精神振奋，乘势高呼"打呀"、"冲呀"，奋不顾身地扑向前去。几十个敢死队员用人蹬人的办法爬上围墙，拉开手榴弹投向院内，顿时火光冲天，烟雾弥漫。敢死队员们立即从围墙上纵身跳进院内，集中火力猛打敌人的机枪。这时，事先打入敌保安队的赤卫队员，也从保安队驻地伸出两挺机枪，射向顽抗的敌人。敌军乱了阵脚。这时大批士兵和赤卫队员砸开铁门冲进院内。伪公安局长朱晖日见大势已去，便爬后墙仓皇逃走。经过半个多小时的激战，这座顽固的堡垒终于被起义军占领了。

攻打伪公安局的成功，为整个起义的胜利奠定了基础。至上午 8 时，全广州反动势力次第肃清。（杨绍练）

特色景点

广州塔

俗称“小蛮腰”位于广州市新中轴线与珠江景观轴交会处，与海心沙岛和广州市 21 世纪CBD 区珠江新城隔江相望。总高度为 600 米，是目前世界第一高自立式电视塔，集观光旅游、广播电视发射、文化娱乐和城市窗口功能于一体，是游客鸟瞰广州风光的首选之地。

珠江夜景

每当入夜，珠江两岸万家灯火，流光溢彩，华丽辉煌，霓虹灯饰绚丽夺目，一派新时代岭南文化的风采，表露得淋漓尽致。现在珠江两岸成了广州市民休闲散步的好去处，国内外许多游客更是专程赶来欣赏珠江夜景，留影纪念。

陈家祠

位于广州市中山七路，清朝为广东 72 县陈姓的合族祠和书院，现辟作广东民间工艺馆。书院主体建筑坐北向南，前后三进，华丽的装饰，平直陡峭的瓦顶，均属晚清时期的建筑风格，富有岭南韵味。

越秀公园

位于广州市解放北路，是广州城市中心公园，新世纪羊城八景之一。以山水秀丽、文物古迹众多、风景优美而著称。主要名胜古迹有镇海楼、五羊雕像、明朝古城墙、中山纪念碑、百步梯、古之楚庭石牌坊、海员亭、光复纪念亭、北秀湖等。

白云山

位于广州城区北面，因峰顶常有白云飘绕而得名。景区风景秀丽，古树参天，交通方便，是著名的游览胜地。主峰摩星岭海拔 382.3 米，为全山最高点，可俯瞰广州全景。

广东奥林匹克体育中心

位于天河区东圃镇黄村，是广东省政府为承办第九届全国运动会而兴建的一座现代化体育场馆，设计独特、新颖，屋顶飘逸的缎带与观众席的花瓣造型组合成为城市标志之一。

香江野生动物世界

位于番禺大石，以大规模野生动物种群放养和自驾车观赏为特色的旅游路线，集动植物的保护、研究、养殖、旅游观赏、科普教育为一体，被誉为中国最具国际水准的国家级野生动物园，更是亚洲最大的野生动物主题公园。

莲花山

位于番禺区珠江口狮子河畔，原名“石狮头”，因石场开采后留下来的巨石似出水芙蓉而得名。千百年劳动人民辛勤采石，给莲花山遗下奇石异洞。

旅游服务

交通

航空

广州新白云国际机场是国内规模最大、功能最先进、现代化程度最高的国家级枢纽机场，2010 年旅客吞吐量达 40 823 665 人次，位居全国第二，世界第十九位。

地址：广州市白云区人和镇和花都区新华镇交界处。电话：020—86066999

市区有八条机场快线，一号线：民航售票处至白云机场，上客点在民航生活区，下客点在民航生活区、中央酒店。二号线：天河广运楼至白云机场，上客点在白云宾馆、文化假日酒店，下客点在花园酒店。三号线：芳村客运站至白云机场。四号线：开发区明珠大酒店至白云机场，上下客点在乐捷图广场（大沙地）、东圃客运站、华南理工大学（华工旧牌坊处）。五号线：全球通大酒店至白云机场，上下客点在东方宾馆。六号线：天河大厦至白云机场，上下客点在珠江新城广场。七号线：番禺市桥（美丽华酒店）至白云机场，上下客点在丽江明珠酒店。八号线：增城新塘（太阳城酒店）至白云机场，上下客点在凤凰城酒店。

铁路

广州目前有四个火车站，分别是：广州站（客货运）、广州东站（客货运）、广州南站（客运）、广州北站（货运），广州站、广州东站、广州南站组成了我国铁路四大客运中心之一——广州铁路客运枢纽。

广州火车站

地址：广州市环市西路159号

电话：020—86661789/61357222/86661789/86682043

公路

广州有九个客运站，其中三大主要长途车站（省汽车站、锦汉车站、天河客运站）是广州客运的集散地。去珠海、深圳在各五星级酒店设有直达大巴。

省汽车站

地址：广州市环市西路145号

电话：020—86661297

锦汉车站

地址：广州市流花路119号

电话：020—86687130/86694174

天河汽车客运站

地址：广州市沙河元岗广汕公路

电话：020—87262266

市内交通

广州地铁是广州的城市轨道交通系统，已有1号线（西朗至广州东站）、2号线（广州南站至嘉禾望岗）、3号线（体育西路至机场南、番禺广场至天河客运站）、4号线（金洲至黄村）、5号线（文冲至滘口）、8号线（万胜围至凤凰新村）运营使用。票价按里程分段计价：起步4公里以内2元；4~12公里范围内每递增4公里加1元；12~24公里范围内每递增6公里加1元；24公里以后，每递增8公里加1元。

广州市内公交系统特别发达，全市六七家公交公司上百条公交线路贯通广州城区。市内出租车7元起表，超出3公里后，2.6元/公里。

住宿

胜利宾馆

具有新古典主义建筑风格，除了拥有300多套温馨舒适客房与提供地道粤菜和西式餐点的多间餐厅外，商务中心、会议室、车队、康乐中心等一应俱全。

地址：广州市荔湾区沙面北街53号

电话：020—81216688

广州大厦

广州市政府的接待基地，国内首家四星级公务酒店，雄踞广州市最繁华的商业中心北京路步行街北端，南临南越王宫博物馆。

地址：广州市北京路374号

电话：020—83189888

广东迎宾馆

环境幽雅，建筑古朴，曾有国宾馆之

誉，周边有繁华商业购物区及众多名胜古迹，临近地铁1、2号线，到达火车站及机场十分便利。

地址：广州市解放北路603号

电话：83332950—3498

餐饮

粤菜乃中国传统四大菜系之一，而广州是粤菜的发源地。“食在广州”实在是名不虚传。广州的饮食还有一个特点，就是创新和融合，五湖四海的人奔赴于此，也带来了各地餐饮。在广州，你不仅能看到在这里落户的各地餐馆，也能感觉到粤菜本身的变化，粤菜集百家之长，经常能推陈出新。新派粤菜馆也深得人们的喜爱。

广州的酒吧街虽然规模不算很大，但却是麻雀虽小，五脏俱全。酒吧和咖啡屋主要分布在淘金路、长堤沿江路、沙面风情区，还有以价格便宜而出名的芳村酒吧街。其中有很多耐人寻味的好地方。

线路二

伟人孙中山故乡

——中山红色之旅

ZHONGSHAN

旅游线路示意图

G4W
S111
京珠高速公路
G105
G105
中江高速公路
高速公路
天下为公
孫文
沙朗镇
得能湖公园
G4W
逸仙湖公园
兴中道
大岭
孙中山纪念堂
中山市
S111
G105
京珠高速公路
孙文纪念公园
南环路
城桂公路
鸡竹坡
G105
孫文纪念公園
犁头尖
孙中山故居纪念馆
中山纪念中学
陆皓东故居
杨殷故居
中山革命烈士陵
黄地牛洞
珠江纵队司令部旧址——古氏宗祠
S268
S111

历史回放

孙中山（1866—1925），中国民主革命的伟大先驱、伟大的爱国主义者和伟大的民族英雄，他为中华民族的独立、自由、民主、繁荣矢志不移、鞠躬尽瘁，为维护民族团结、祖国统一作出了不可磨灭的贡献。

1866 年 11 月 12 日，孙中山出生于广东省香山县(今中山市)翠亨村一个普通的农民家庭。10 岁入村塾读书，12 岁到檀香山读书，17 岁回国。1886 年至 1892 年先后在广州、香港学医，毕业后在澳门、广州行医，并致力于救国的政治活动。1894 年上书李鸿章遭到拒绝，遂再赴檀香山，创立兴中会，提出“驱除鞑虏，恢复中国，创立合众政府”的主张。1905 年在东京成立中国同盟会。1911 年 10 月 10 日发动武昌起义，得到各省响应，导致清朝专制统治的覆灭，是为著名的辛亥革命。1912 年元旦在南京就任中华民国临时大总统，创立了中国历史上第一个共和政体。

中国人民和海外华人华侨怀念、敬仰孙中山，中山人民对孙中山更有着特别深厚的感情。数十年来，中山人民把中山从一个“小城镇大农村”的农业县，发展成为一座以工业为主体、具中等规模、城乡一体、布局合理、设施配套完善、功能齐全的现代化城市。更为可贵的是，通过建设和维护关于纪念伟人的旅游景点群，通过保护和开发一系列革命历史文化资源与风景秀丽的自然景观，发挥中山得天独厚的地理环境和人文环境，使中山的旅游事业蓬勃发展，使中山成为一座被誉为“名人胜地，绿树青山，南方小城，富庶侨乡”的新兴旅游城。

◎线路点评

这是一条了解伟人、缅怀伟人、继承和发扬伟人革命精神，进而了解伟人故乡，感受伟人故里乡情风貌和翻天覆地变化的红色经典线路。

红色景点

▶孙中山故居纪念馆

位于中山市南朗镇翠亨村，建于1956年，是以孙中山故居为主体的纪念性博物馆。目前，纪念馆面积有12万多平方米，向观众开放的区域约有7万多平方米。开放的主要景点有：孙中山故居、孙中山纪念馆、孙中山听太平天国反清故事的雕塑、孙中山试验炸药处——瑞接长庚牌坊、翠亨民居展示区、翠亨农业展示区、中山鼎等，逐步形成以“孙中山和他成长初期的社会环境”为主题，兼具历史纪念性和民俗性、立体而多元化的陈列展览体系。

孙中山故居　一座融合中西方建筑特点的两层砖木结构楼房，前后均有围墙环绕着的庭院，是1892年由孙中山的大哥孙眉出资、孙中山主持修建的。楼房内部设计用中国传统建筑风格，中间是正厅，左右两边为耳房，四壁砖墙为青砖勾白色间线。正厅摆设为孙中山亲自布置。1883年，他从檀香山带两盏煤油灯回来，放置在桥台上。右边耳房是孙中山卧室，当年所用的大木床、梳妆台和凳等，仍旧摆放着。二楼南边，是孙中山的书房，墙上挂着孙中山17岁时的照片，室内有孙中山使用过的书桌、台椅、铁床。1893年冬，孙中山曾在此书房草拟《上李鸿章书》。1895年与陆皓东在此书房商讨救国方略。故居室内陈设保持1892年至1895年间孙中山经常返乡居住时的景貌。

孙中山纪念馆　位于孙中山故居西北侧，前身为孙中山故居陈列馆，于1996年进行重建，1999年11月12日落成并向观众开放。展馆建筑面积6000平方米，由陈列展览厅、综合报告厅、贵宾接待厅、库房、业务办公区等构成。

展厅布置了孙中山生平史迹陈列，全面而系统地介绍了孙中山的生平史迹、思想理论和他所领导的革命运动，歌颂了他领导人民推翻帝制建立共和国的丰功伟绩，也适当反映了孙中山革命事业主要追随者的情况及孙中山亲属与后裔对革命事业的贡献。

中山市民俗博物馆

组建于1998年12月28日，是一所以孙中山纪念馆为依托，以保护中山民俗文物、弘扬民俗文化为己任，展览与示范相结合的新型博物馆。

孙中山故居纪念馆于1956年成立，1986年被国务院列为全国重点文物保护单位；1996年至1997年先后被列为全国中小学爱国主义教育基地、全国爱国主义教育示范基地；2000年被国家旅游局评为全国首批 AAAA 级旅游景点；2003 年被中华全国归国华侨联合会命名为中国侨联爱国主义教育基地。

▶孙中山纪念堂

位于中山市城区中心，由中山市旅港同胞郭得胜先生捐款 1000 万港元兴建而成。1982 年 2 月 1 日动工，1983 年 4 月落成，11 月 12 日正式开幕。

纪念堂的设计富于新意，从高空鸟瞰成一“中”字，而从地面平视则又成一“山”字，既有浓厚的民族风格，又寓意深刻，富含对孙中山的仰慕怀念之意。纪念堂入门上方，镶嵌着一块有全国人大常委会副委员长廖承志亲笔题书“孙中山纪念堂”的金字横匾。在正中上层一座小殿建筑的墙上，悬挂着一块有孙中山笔迹“天下为公”的金字直匾。三座亭楼的顶尖装设三颗金黄色的大琉璃珠，象征孙中山先生创立的“新三民主义”。纪念堂为组合的复式结构，分前、中、后三座，前座是三层楼房，一楼为大厅，正中安放着一座用汉白玉雕刻的孙中山半身像，两边分别是“中山建设成就展览馆”；二楼两侧均为“孙中山革命史迹展览馆”；三楼是呈“山”字排列的三个亭顶结构，中间大八角亭是可容 100 余人的贵宾室，两旁小四角亭为贵宾休息室。纪念堂的中座是可容纳 1477 名观众的大型现代化影剧场。

▶孙文纪念公园

位于中山市中心城区南面，兴中道与城桂路的连接处，坐落在中山新十景“兴中缀锦”上。1996 年 11 月孙中山先生诞辰之日全面竣工开放。公园占地 26.6 公顷，主要由两个平缓的山坡改建而成，分为革命纪念区和综合游览区两

个不同功能的区域。革命纪念区以纪念孙中山先生的题材为主，设有孙中山先生铜像。与革命纪念区遥遥相对的是综合游览区，设有“香山”、“飞来石”、“一线天”、“水帘洞”、“观景阁”、“迎阳石”等旅游景点。

▶中山纪念中学

位于孙中山故居北面，20世纪30年代初为纪念孙中山而创建，初称总理故乡纪念学校。孙中山的儿子孙科在《总理故乡纪念学校记》碑文中写道：“本校之建，固所以追怀总理不世之勋，亦所以策励诸生矢志于学，有以明夫立国之本耳。”

1931 年夏，孙科从南京返家乡翠亨村，亲自主持兴建。1934 年 7 月竣工，名总理故乡纪念学校。新中国成立后改名中山纪念中学，并于 1953 年被定为广东省第一批重点中学之一。改革开放后，中山市人民政府从师资、建校资金、图书、仪器等方面给予支持，重新修缮校舍。中山纪念中学是中外游客瞻仰孙中山的又一重要景点。

▶陆皓东故居

位于中山市南朗镇翠亨村。

陆皓东（1867—1895）自幼与孙中山交好，曾为村塾同学。1893 年冬与孙中山等在广州组织早期兴中会，次年夏随孙中山经上海赴天津，上书李鸿章未果。兴中会准备广州起义时，陆皓东特制青天白日旗，后来成为国民党党旗之由来。1895 年 10 月孙中山组织广州起义，因消息泄露，清兵搜查革命机关及党人，陆皓东不幸被捕，英勇就义。孙中山称誉他为“中国有史以来为共和革命牺牲之第一人”。

陆皓东故居建于清代晚期，是具当地传统建筑特色的二进三开间砖木结构平房。厅内悬挂有陆皓东烈士大幅半身遗像，右边挂有烈士的公事略。1989 年 6 月29 日被广东省人民政府列为省级重点文物保护单位。

▶杨殷故居

杨殷（1892—1929），中国工人运动的著名领袖。1911年秋在广州加入中国同盟会，跟随孙中山参加革命。1923年加入中国共产党。1926年任中共两广区委委员。1927年广州起义爆发，任苏维埃政府代理主席，兼肃反委员会主席。1928年6月至7月出席在莫斯科举行的中共六大，被选为中央委员、中央政治局候补委员、政治局候补常委。回国后任中共中央军事部长兼江苏省委军事部长。1929年8月24日，由于叛徒告密，与彭湃等在上海被捕，同月30日被秘密杀害于龙华上海警备司令部内。

位于中山市南朗镇翠亨村。建于清代咸丰年间，是三开间砖木结构平房，分正厅及两边耳房。厅的正中央安放着杨殷的大幅照片及全家福，还竖有一幅杨殷生平事迹介绍。厅内陈设雅洁，庄严肃穆，左边耳房是杨殷卧室。1989年6月被广东省人民政府列为省级重点文物保护单位。2007年6月被列为广东省第一批党员教育基地。

▶珠江纵队司令部旧址——古氏宗祠

位于中山市五桂山镇槟榔村。五桂山古称香山，自古被誉为盛产奇花异卉的神仙居所，中山市的旧称香山即源出于此。20 世纪 40 年代抗日战争时期，五桂山区成为著名的抗日民主根据地，广东人民抗日游击队珠江纵队司令部的驻地就设在古氏宗祠。中山人民热爱五桂山的秀丽山色，更景仰五桂山所象征的革命传统，在 1985 年和 1988 年的两次“中山十景”评选活动中，以古氏宗祠为代表的五桂山先后被命名为“五桂飘香”和“五桂雄峰”。

古氏宗祠是一座建筑面积约 200 平方米的砖木结构祠堂，坐北朝南，于清道光年间（1821—1850）由槟榔村乡绅古腾芳兄弟捐资兴修。1980 年中山县政府拨专款对古氏宗祠作了修缮，筑围墙、建牌坊，并在祠堂外壁镶嵌了“中山市革命文物重点保护单位”的大理石匾，把古氏宗祠辟为革命历史文物陈列馆。

▶中山革命烈士陵园

位于中山市南朗镇翠亨村的东南面，是纪念在大革命、抗日战争、解放战争和社会主义建设时期牺牲的革命烈士的纪念建筑物。始建于 1958 年，1960 年建成使用，占地面积 211.6 亩。1989 年由广东省人民政府确定为第一批重点烈士纪念建筑物保护单位。1995 年被国家民政部定为爱国主义教育基地。陵墓周围被高大的松柏树环绕，庄严肃穆。

历史小故事

孙中山生日之谜

今天，大家都知道孙中山是 1866 年 11 月 12 日出生于中山市翠亨村的，但孙中山在世时，知道他生日的人却很少。以中山大学为例，孙中山逝世后，国人为纪念孙中山，将孙中山创办的广东大学改名为中山大学，并以孙中山的生日作为校庆日，定为每年的 11 月 11 日，主办者以为孙中山的生日为 11 月 11 日，其实是 12 日，有一日之差。

孙中山逝世后，同盟会会员夏永翰曾以此问题遍询追随孙中山较久的同志。据曾担任过孙中山机要秘书后来出任考试院长的戴季陶说：大约在民国五六年之间，孙中山寓居上海，一天晚上，孙中山在寓所办了两席酒，只有少数同志参加。入席以后，同志遍问请客缘由，孙中山笑而不答。夫人宋庆龄说，此日是孙中山寿辰，于是大家举杯祝寿。戴季陶说，孙中山在世的寿庆，就只有这一次。

廖仲恺在孙中山逝世之后，在广州数次作关于孙中山生前轶事的报告，他提到孙中山生日的秘密时说，孙中山从不以生日示人。其原因是孙中山降生之后，他的父亲孙达成曾找相师相命，相师说：“此子非凡，大富大贵，在九五之尊，皇帝之位，其生辰八字须绝对保密。”以后，孙达成心怀恐惧，因为这家中既然诞生了一个帝王之相的人，如果祖德不厚，恐怕会冲克。又如果生辰八字让清廷知之，更加不妙。于是他带年仅 7 岁的孙中山到翠亨村的一座庙宇，拜北极玄天大帝为义父，特别要孙中山在神前发誓，从此不得把自己的生辰年月日时告诉外人。孙中山为了遵守诺言，从不稍有违背，所以革命同志很少知道孙中山的生辰八字的。（梁伯彦）

特色景点

孙文西路旅游步行街

位于中山市城区石岐铁城西门外，西连津渡（石岐河），南绕烟墩山，东达仁山（即现在孙中山纪念堂），构成“山、水、城”的格局，也成为石岐商业、文化、交通中心。目前，中山市在此增设孙中山史迹径，形成以孙中山文化为主题的系列旅游之地。

长江水库游览区

位于中山城区石岐东南九公里处，是建设在著名抗日游击根据地五桂山区北面的以水库为中心的游览区。水库容积达5000万立方米，库区群山莽莽，重峦叠嶂，一派生机，浓绿如绒如砌，倒映湖中，有“长江叠翠”之美誉。

五桂山逍遥谷

位于中山市五桂山腹地的银坑，是在中山市森林公园基础上发展起来的景点，是一个集休闲、度假、健身、娱乐与自然、人文景观为一体的自然生态景区，是中山市“休闲逍遥游”的典型代表。

阜峰文塔

位于中山市烟墩山中山公园山顶上，建于明代万历三十六年(1608 年)，是一座七层八角的砖砌花塔，传说是为了改变当时香山县的贫穷面貌而建的。塔高 24.5 米，塔身雄伟，造型隽秀，内有石梯盘旋直达塔顶。在顶层倚栏眺望，中山城区风光尽收眼底。

紫马岭公园

位于中山市中山四路南侧，是广东省最大的郊野公园，也是中山市举办大型名花展览的场所。其特色是集天然与人工秀色于一体，旅游开发与生态环保并重，有十三个园和一个大型赏鸟区，在不同的节日均有不同的展览和表演，是群众游憩的好去处。

旅游服务

交通

中山市距广州 110 公里。广州市汽车站到中山市汽车站的车运营时间为6:30—19:30，平均 20—30 分钟一班，车程约一个半小时，票价 20—30 元不等。

省汽车站还有到中山富豪酒店的豪华大巴，票价 36 元，6:30—20:40，每 25 分钟对开一班。

中山市公共汽车总站位于富华道，也叫富华总站，在市汽车站旁边，市内大部分公交车都从这里始发。

另外，广珠轻轨途径中山小榄、东升、石岐、火炬开发区、南朗等地，并设有站点，是出行交通工具的又一理想选择。

住宿

中山国际酒店

毗邻风光旖旎的岐江河和百年老街孙文西路旅游步行街，南靠岐江公园，西距中国休闲服装生产基地仅数公里。交通便利快捷，临近新落成的广珠轻轨中山站，距广州白云国际机场 80 公里，珠海机场 80 公里，广州火车站 86 公里，中山港码头 12 公里。

地址：中山市中山一路 142 号

电话：0760—88633388

中山阳光商务酒店

位于繁华的商业中心区内，毗邻风景优美的岐江河和孙文西路旅游步行街。酒店内外环境美轮美奂，交通便利快捷，地理位置得天独厚，酒店细致、殷勤、周到的服务，是阁下商务旅游、度假、会议的最佳选择。

地址：中山市西区升华道 2 号

电话：0760—88636888

餐饮

中山美食在全国乃至海外都享有盛誉。据不完全统计，目前中山有大小食肆 6000 多家，可谓美食遍地。特色美食有石岐乳鸽、南朗鸭粥、杂交三黄鸡、沙溪扣肉、五香狗肉、三乡濑粉、小榄菊花肉等，特产有咀香园杏仁饼、茂生围香蕉、神湾菠萝等。

线路三

共和国元帅叶剑英故乡

——客都梅州红色之旅

MEIZHOU

旅游线路示意图

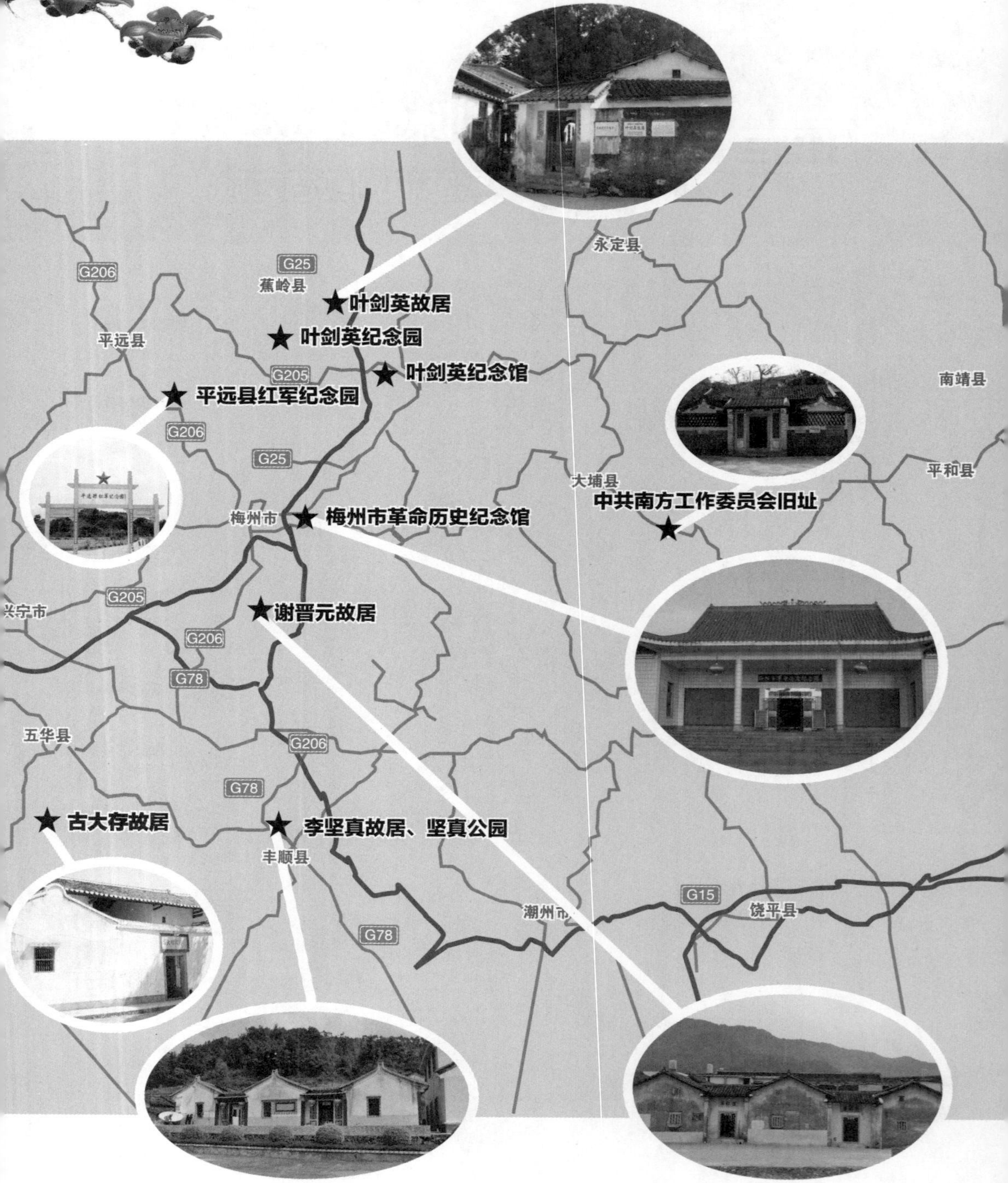

永定县
G25
G206
蕉岭县
叶剑英故居
叶剑英纪念园
平远县
G205
叶剑英纪念馆
平远县红军纪念园
南靖县
G206
G25
大埔县
平和县
中共南方工作委员会旧址
梅州市
梅州市革命历史纪念馆
G205
兴宁市
谢晋元故居
G206
G78
五华县
G206
G78
古大存故居
李坚真故居、坚真公园
丰顺县
G15
潮州市
饶平县
G78

历史回放

叶剑英（1897—1986），我国伟大的无产阶级革命家、政治家、军事家，中华人民共和国元帅、中国人民解放军的缔造者之一。1897 年 4 月 28 日生于广东省梅县雁洋堡。1927 年加入中国共产党，参加领导广州起义。1928 年赴莫斯科学习。1930 年回国。中华人民共和国成立后，历任中南军政委员会副主席，华南分局第一书记，广东省人民政府主席兼广州市市长，广东军区司令员，中南行政委员会副主席，中南军区副司令员、代司令员，中央人民政府革命军事委员会副主席，中国人民解放军武装力量监察部部长、军事科学院院长，中共中央军委副主席兼秘书长，国防部部长等职。1955 年被授予元帅军衔。

中国人民和海外华人华侨怀念、敬仰叶剑英，元帅故里的梅州人民对叶帅更有着特别深厚的感情。数十年来，梅州人民在党和政府的正确领导下，不忘叶帅的教诲，继承和发扬叶帅的革命精神，把梅州从一个贫困落后的山区，发展成为魅力独具的世界“客都”、历史悠久的文化名城、环境优美的生态绿洲、社会和谐的平安福地和充满活力的投资热土。更为可贵的是，在依托客家文化、生态旅游的基础上，通过建设和维护关于纪念叶帅的旅游景点群，通过保护和开发梅州作为革命老区的一系列革命历史文化资源，积极打造客都红色之旅，使梅州拥有了一批国家和省级红色旅游经典景区，促进了梅州旅游事业的蓬勃发展。

◎线路点评

这是一条走进叶帅故乡，了解叶帅、缅怀叶帅，领略叶帅故乡作为革命老区和世界客都的独特魅力的红色经典线路。

▶叶剑英纪念园

位于梅县雁洋镇虎形村，是全国红色旅游经典景区、国家 4A 级旅游区，在原有叶剑英元帅故居和纪念馆的基础上进行整合与扩建，于 2007 年 5 月 13 日建成并正式开放。纪念园融客家民居、现代建筑于一体，分人文秀区、纪念景区、生态林区、旅游休闲服务区四个功能区，由叶帅故居、叶家宗祠、叶剑英纪念馆、纪念广场、入口广场、题壁广场、泉井广场、诗林广场、石刻、亭子、果园、植物园、观景台、农家乐园、客家风情街系列景观组成。

叶剑英故居　叶剑英故居是一座普通客家民间农舍，泥土石灰混合结构，共有 15 间房子，其中 4 间为叶帅家所有。1897 年 4 月 28 日，叶剑英出生在这里，并度过他的童年和少年时代。

叶剑英纪念馆 叶剑英纪念馆依山而建，高三层，外观呈几何构造，规模宏大，气势雄伟，极具现代化气息，融美观和实用于一体，设有四个展厅，以“少怀壮志、泉井情深、力挽狂澜、翰墨飘香、百战归来”五大主题序列，充分展现出叶帅崇高的革命风范以及独特的精神风貌和伟大光辉的一生。

叶剑英纪念园集展示伟人风范、进行爱国主义教育于一体，融弘扬客家传统文化、绿色生态旅游于一处，成为独具特色的红色旅游经典景区。多年来，党和国家领导人江泽民、温家宝、李长春、杨尚昆、王震、乔石、宋平、李岚清、宋任穷、张德江、李铁映、汪洋等分别前来视察、检查和指导。

▶中共南方工作委员会旧址

位于大埔县东部枫朗大埔角新村仓下村。

1940 年冬，中共南方工作委员会机关（以下简称“南委机关”）于大埔西河成立，1941 年三四月间，南委机关从西河大溪背竞业楼迁往大麻恭州下村华侨屋“宜慎山庄”何曼芳家。不久，南委机关辗转至高陂，于 9 月经高陂迁至枫朗大埔角新村黄维礼家老屋，并在高陂建立“鸿达批发商行”作为联络站，在百侯建“见南轩”新闻台，在双溪新民小学办南委机关刊物《时代文选》，在侯西小学设立交通站。1942 年 6 月“南委事件”后，南委书记方方等领导人转移。

南委机关设在大埔期间，为领导南方各省国民党统治区的中共党组织进行党的思想和组织建设，为领导南方各省的进步势力和东江、琼崖等地抗日武装力量进行抗日救亡斗争，作出了重大贡献。

旧址为一正二间土木结构，占地面积 224 平方米，“南委事件”后被毁。1986 年广东省文物管理委员会拨款按原貌重建。现设有南委机关在大埔期间的活动情况（图片、文字）陈列展。

▶谢晋元故居

位于蕉岭县新铺镇尖坑村。

谢晋元（1905—1941），梅州市蕉岭人，是中国现代史上一位有名的抗日民族英雄。广东大学（中山大学前身）毕业后于 1924 年 12 月考入黄埔军校第四期学习。1926 年参加北伐战争。1937 年参加淞沪抗战。1937 年 10 月奉命率部进驻上海四行仓库阻击日军，掩护大部队西撤，激战四昼夜，胜利完成任务后撤入英租界孤军营。“八百壮士坚守四行”的壮举震惊中外，载入史册。

谢晋元故居建于清朝咸丰年间，共计 23 间，占地面积 1080 平方米，建筑面积 675 平方米。故居坐西朝东，为沙灰瓦木结构，三幢合面两门楼的平房，两座大门分别为“儒林第”和“荆树居”。现被列为广东省文物保护单位、广东省爱国主义教育基地、广东省红色经典旅游开发项目之一。

▶平远县红军纪念园

位于平远县仁居镇东较场。红军曾两度进驻仁居镇，宣传革命道理，传播革命火种。1929 年 11 月 13 日，朱德军长率红四军从江西寻乌攻占仁居，后经差干回师福建上杭。1930 年 5 月 14 日，红四军第一纵队 1000 多人由江西寻乌进驻仁居，掀起农民暴动高潮。

为缅怀革命先烈的丰功伟绩和激励后人，平远县深入挖掘历史人文资源及红色革命文化资源，兴建了红军纪念园。纪念园于 2009 年 9 月 22 日建成开放，成为广东省首个红军纪念园和梅州市红色旅游新景点，也是传承红色文化摇篮与弘扬红军革命精神的教育基地。

▶李坚真故居与坚真公园

李坚真（1907—1992），梅州丰顺人，妇女运动先驱。曾任中央苏区县第一位女县委书记，中央妇女部长，广东省委书记、省人大常委会主任。她是二万五千里长征中央红军中 32 位英勇的女红军之一。李坚真故居位于丰顺县北部山区小胜镇大南畲村，李坚真就在这里出生。现丰顺县城汤坑建有坚真公园，内

有坚真纪念馆、坚真文化广场和坚真戎装立马铜像，不仅成为承载红色记忆的爱国主义教育基地，还是县城人民休闲活动的好去处。

▶古大存故居

位于五华县梅林镇优行径村。

古大存（1897—1966），梅州五华人，1924年在广州加入中国共产党，早年在家乡组织农民运动，创建了八乡山革命根据地，任红十一军军长。抗日战争至解放战争时期，任延安中央党校一部主任、中共晋察冀党校校长、东北行政区交通部长。新中国成立后任广东省人民政府副主席、中共广东省委书记处书记、广东省副省长、广东省政协副主席等职。他家里有10人为革命献出了宝贵的生命，其中有妻子徐妙娇、弟弟古永钵及侄儿、侄媳，被誉为“一门忠烈”。

古大存故居建于清嘉庆年间，原名金山萃秀，三堂两横客家民居，灰沙夯筑墙体，悬山瓦顶。现故居内陈列有古大存石雕像和有关古大存革命活动的文物、照片100多件。

▶梅州市革命历史纪念馆

位于梅州城区剑英公园内。

馆内共设5个展室，以中国共产党梅州地方组织为主线，突出反映梅州人民的革命斗争历史，重点介绍从辛亥革命至全国解放梅州革命斗争历史中的重要人物、重要事件和重要革命旧址。共展出大批各类历史照片、图表等。馆内还设有梅州革命烈士纪念室，刻写了熊锐、朱云卿、张民达等4563位烈士英名。纪念馆后面紧连着革命烈士纪念碑，两者连成一体，成为梅州市精神文明建设、进行爱国主义和革命光荣传统教育的重要基地。

历史小故事

叶剑英拒贿金除恶僧

1925年3月21日，叶剑英被广州留守大元帅府任命为梅县县长。他在梅县执政时间虽然不长，但他的廉政政绩至今仍被传为佳话。

梅县境内有许多寺庙。离梅城东北70公里，靠近福建上杭来苏里地界，有一座王寿山。山上有个广福寺，与阴那山的灵光寺齐名。寺里有个恶僧，表面上慈悲为怀，暗地里却欺压民众，敲诈勒索，强奸妇女，无恶不作。天长日久，附近的老百姓不堪其苦，就告状到县衙门。这和尚用银两疏通官府，反将告状人逮捕问罪，自己却逍遥法外，继续作恶多端，百姓对其恨之入骨。

王寿山附近的受害乡民听说东征军到了梅县，来了“革命县长”，就联名写了一张状子到县政府投诉。叶剑英也早有耳闻王寿山有个恶僧，见了状子火速派人调查。那个和尚听说此事，又玩弄故伎，派出心腹到县里上下打点，特意给县长送来300块大洋，他满以为这次送的钱多，保险可以过关。叶剑英经过调查，他找来那个送礼的寺庙管事，严厉地训斥道："你们的案子，政府正在审理。你回去告诉老和尚，要老实交代罪行，规规矩矩，皈依佛法。他用 300 块大洋是不能赎罪的。别说 300 块，就是 3 万块大洋也休想打动我的心！"说罢将光洋悉数退回。

恶僧一计不成，又施一计。他打听到叶剑英的母亲是个虔诚的佛教徒，便托人找她求情。叶剑英知道后，向母亲讲了恶僧的罪行，母亲听了也很支持儿子的决定。

叶剑英经过审理，证据确凿，觉得不杀不足以平民愤，于是将那恶僧捉拿归案，召开公审大会，就地正法。众人无不拍手称快，土豪劣绅更是闻风丧胆。（范硕）

特色景点

客家公园

位于梅州市东区小溪唇，2005 年动工兴建，以黄遵宪故居人境庐、荣禄第为基础进行扩建和整合，分为纪念景区、人文秀区、服务小区三大功能区。新建博物馆、院士馆、将军馆、侨领馆、纪念亭、诗林、碑林等众多设施，集客家建筑、客家文化艺术、客家民俗风情于一处，成为内涵丰富、独具特色的"客家大观园"。

雁南飞茶田景区

位于梅县雁洋镇长教村，是国家 4A 级旅游区、全国农业旅游示范点，融茶叶生产、园林绿化、旅游观光、休闲度假于一体。多年来，党和国家领导人吴邦国、李岚清、邹家华、叶选平、李长春、张德江等先后亲临雁南飞茶田视察，对雁南飞茶田走农业与旅游相结合的开发模式给予高度评价。

雁鸣湖旅游度假村

位于梅县雁洋镇南福村，是国家4A级旅游区、全国农业旅游示范点，集观光旅游、休闲娱乐、养生健身于一体，占地1万多亩，按春夏秋冬的四季概念兴建了“春晖园、夏晓园、秋实园、冬融园”四大功能景区。

灵光寺旅游区

位于梅县雁洋镇阴那山麓，是国家4A级旅游区、省级文物保护单位，始建于唐代咸通二年（公元861年）。拥有著名的“三绝”：一是菠萝顶；二是寺门前的一荣一枯、一生一死的两株古柏，相映成趣；三是大雄宝殿后面绿树繁荫，但殿顶却无一片落叶，何故？至今仍是一个谜。

丘逢甲故居

位于蕉岭县文福镇淡定村（今逢甲村），是广东省爱国主义教育基地、全国重点文物保护单位。故居内陈列有珍贵文物、照片、手稿、文献，向人们展示了抗日志士、爱国诗人、教育家丘逢甲光辉的一生。

龙鲸河漂流

位于丰顺县大龙华镇至黄金镇清溪河段。乘坐无动力充气橡皮艇顺流而下，不仅可以在惊涛骇浪的激流中感受“中流击水、浪遏飞舟”的惊险刺激，同时还可观赏河道中古冰川遗迹冰臼群奇观和岸上郁郁葱葱的大自然秀美景色，被誉为“粤东第一漂”。

旅游服务

交通

铁路

梅州的铁路线路有广梅汕铁路（广州—梅州—汕头）和梅坎铁路（梅州—福建坎市）。从梅州市区可乘4路或6路公交车到火车站。

梅州火车站地址：梅州市彬芳大道南段

电话：0753—6136132

公路

梅州市汽车站每天都有开往各地的班车，没有统一票价，到广州为125—130元，到河源为40—80元，票价的弹性很大，最好在售票口购买。嘉应大学旁的月梅客运站，大多是开往近郊或旅游景点的车，到阴那山、灵光寺、雁洋镇等地可在此坐车。

梅州市汽车站地址：梅州市梅江区梅石路

电话：0753—2222137

区内交通

梅州市内公交车均为无人售票，票价1元。各路线营运时间为6:30—19:30，车次很多，有时不到站也可下车，只要和司机打声招呼即可。梅州的出租车起步价为4元，也可讲价，超过起步公里数后，每公里1.6元。摩的、人力车起步价为3元。

住宿

田园大酒店

位于梅州市中心，地理位置优越，交通便利。酒店设施齐全，装修豪华典雅，融欧式古典园林风格和现代设计风格为一体，别具一格。

地址：梅州市江南路35号

电话：0753—2163288

金叶国际大酒店

一家集旅业、餐饮、会务、健身、娱乐为一体的多功能商务酒店，按五星级标准建造。

地址：梅州江南彬芳大道30号

电话：0753—2153666

餐饮

梅州小吃以丸子汤、腌面、腌粉和干拌面、炸酱面为主。丸子汤的品种有牛肉丸和鱼肉丸，一般吃腌面、腌粉时，配上一碗丸子汤，就像吃炸酱面配汤一样。

炸芋圆是一种用芋头丝、姜丝和花生米混在一块用油炸成金黄色的小吃，香脆中略带姜的香味。

客家咸鸡是梅州出名的特产，也称“盐焗鸡”，位于梅州市文保路7号的“尚记”，做咸鸡已有近30年的历史，虽然广东也有很多地方售卖咸鸡，但尚记咸鸡的味道绝对不同。

线路四

农民运动大王彭湃故乡

——海陆丰红色之旅

HAILUFENG

旅游线路示意图

陆河红二师纪念亭
西坑乡
S356
S242
S335
S240
莲花山镇
彭湃烈士故居
中国第一个县级苏维埃政权成立旧址——红宫、红场
六人农会旧址——得趣书室
新乡
河东镇
海丰县
海丰县总农会旧址——天后宫
G324
狮山新乡
陆丰县
G324
赤山约农会旧址——灵雨庵
彭湃烧田契场景壁雕
G15
新乡
G15
沈海高速公路
汕尾市
新乡

历史回放

彭湃（1896—1929），我国无产阶级革命家，中国共产党早期农民运动领导人之一，毛泽东称他为“农民运动大王”。1924 年加入中国共产党。1927 年 11 月领导创建全国第一个县级苏维埃政权——海丰、陆丰苏维埃政府和海陆丰革命根据地。1929 年 8 月 24 日因叛徒出卖被捕，30 日被国民党反动派杀害于上海龙华。著名遗著有《海丰农民运动》。

彭湃的故乡——海陆丰，是全国著名的老苏区。1922 年，海陆丰成立了社会主义共青团和海陆丰第一个农会组织。1927 年，国民党反动派发动了“四·一二”反革命政变，彭湃等革命先辈带领海陆丰人民进行了不屈不挠的革命斗争，先后举行了三次革命武装起义，不仅解放了海丰和陆丰县城，开辟了海陆丰革命根据地，而且成功地创建了被誉为“中国第一个苏维埃”——海陆丰县苏维埃政权。

◎线路点评

这是一条追思“农民运动大王”彭湃的丰功伟绩，了解全国著名老苏区海陆丰的光荣革命斗争历史的红色经典路线。

红色景点

提示：关于汕尾市南昌起义军挺进粤东红色景点见线路五

▶彭湃烈士故居

位于海丰县城龙津东路龙舌埔，始建于清末，主楼两层，面宽 12.9 米，进深 10.9 米，前廊仿西式建筑，风火式山墙，总建筑面积 266 平方米，彭湃于 1896 年 10 月 22 日出生在这里，并在此度过了童年和青少年时代。1925 年 3 月革命军第一次东征到达海丰后，周恩来、谭平山和苏联顾问鲍罗廷、加伦都曾在此住宿或议事。

▶六人农会旧址——得趣书室

位于彭湃烈士故居东侧，原是彭湃的书室。

1922 年，彭湃在青年农民张妈安、林焕、李老四、李思贤、林沛五人的支持下，于 7 月 29 日晚在得趣书室成立农会，由彭湃主持共同宣誓，称为“六人农会”。六人农会是彭湃从事农民运动的新开端，从此，彭湃就深深地在农民中扎下了根。张妈安、林焕等五位农民，成了彭湃发动农民运动的有力帮手。

▶赤山约农会旧址——灵雨庵

位于海丰县城东龙舌埔龙山西侧，与海丰总农会故址相隔。

1922 年 7 月六人农会成立后，以彭湃为首的农会成员继续发动赤山约各村农民参加农会，他们通过讲演的方式，对农民进行思想改造。同年 10 月，会员发展至 28 个乡村，成立大的农会的条件成熟了。1922 年 10 月 25 日，赤山约农会在灵雨庵正式成立，以灵雨庵为会址。会后，在海丰县城周围的自然村，连续成立了多个约农会，这些农会成立后深受农民的欢迎，海丰农民运动亦由此迅速发展开来。

▶彭湃烧田契场景壁雕

位于海丰县城东龙津溪东岸边，面对彭湃烈士故居和六人农会群雕，为纪念彭湃诞辰 110 周年而立。紫红色水泥壁浮雕，以彭湃烧田契为主题，衬以海陆丰农民革命斗争场景。

1922年11月，彭家兄弟分家。彭湃决心让革命烈火首先在自己家里燃烧，此时，在彭家门口的龙舌埔做戏，农会通知各乡农民前来观看。开演前，台下挤满了观众，彭湃拿着一大捆田契走上戏台，发表了震动人心的演说，然后，便一张一张地宣读田契所写的内容、地点、亩数和佃户姓名，当场一一烧毁。翌日，彭湃烧田契的革命行动，迅速传遍了海丰、陆丰各地。

▶海丰县总农会旧址——天后宫

位于海丰县城东龙舌埔龙山西侧，东邻赤山约农会旧址。原为明朝所建。1963年旧址被定为县级重点文物保护单位。1978年县政府拨款修建。

1922年10月赤山约农会成立后，海丰农民运动得到迅速发展。1923年1月1日，海丰县在天后宫举行农民代表大会，宣告海丰总农会成立。

▶中国第一个县级苏维埃政权成立旧址——红宫、红场

位于海丰县城人民南路中段。

红宫原为孔庙，建于明洪武十二年（1379）。1927年10月下旬，在中共东江特委彭湃领导和南昌起义军改编的工农革命军第二师第四团帮助下，海陆丰人民继4月和9月两次武装暴动之后，又举行第三次武装起义，夺取政权。11

月 18 日至 21 日在孔庙召开海丰全县工农兵代表大会，成立海丰苏维埃政府，通过了“没收土地案”等八项政治纲领。当时，会场和县城街道都粉刷成红色，孔庙遂改称红宫。

红场原为明代社仓的东仓，民国时期荒废，俗称“东仓埔”。海丰苏维埃政府成立前，彭湃指示在该地兴建“红场”，作为庆祝海丰苏维埃政府成立会场，故兴建了大会主席台和红场大门。

1956 年，中央拨款对红宫、红场进行修缮。1961 年 3 月，国务院颁布红宫、红场旧址为全国重点文物保护单位。“文革”期间，遭到严重破坏。1975 年国家文物局再次拨款修缮，恢复原貌。现红宫正殿按 1927 年 11 月工农兵代表大会会场原貌布置，中间安放彭湃塑像，两旁陈列农民运动和苏维埃时期文物。1986 年，在红场中央矗立了彭湃铜像。

1993 年，在东侧建红二师和红四师纪念亭。2005 年，红宫、红场旧址被定为全国爱国主义教育示范基地。

▶陆河红二师纪念亭

位于陆河县新田镇激石溪村三江口。

1927 年 10 月 7 日，南昌起义部队在潮汕失利后，其余部二十四师七十团等共 1300 多人在团长董朗的率领下，经陆丰博美、大安抵达新田激石溪三江口村。从此，该部队（后改编为中国工农红军第二师，董朗任师长）以激石溪山区为根据地，展开了长期的革命武装斗争。1928 年 6 月，红二师与东江特委取得联系后，离开激石溪向惠东转移，在陆丰东南的内洋、陂沟遭到敌人夹击，损失较大。至1928 年秋，红二师幸存者仅 140 多人。

为弘扬红二师不怕流血牺牲的大无畏革命精神，中共陆河县委、陆河县人民政府于 1997 年冬兴建红二师纪念亭。现为陆河县革命传统教育的主要基地。

历史小故事

彭湃反立“竖像”

1915年下半年，海丰的土豪劣绅陈月波、马剑朗等为海陆丰的朱军统领林干材竖了一座石碑浮雕像，准备在林干材生日那天，在表忠祠举行“竖像”落成典礼，企图将林干材与民族英雄文天祥并列供祀。

林干材是原广东督军龙济光派到海丰的刽子手。他和当地的豪绅地主相互勾结，专门“清剿”反袁世凯的革命党人和海陆丰地区的三合会会员，把几百个普通的农民作为“革命党”加以屠杀，以此向主子邀功。海陆丰人民面对林干材的高压统治，敢怒不敢言，而豪绅地主却拍手称快，尊称林干材为“统领公”，歌颂他“功德无量”。

为林干材“竖像”的消息传开后，群众极为恼怒，青年学生更是愤慨。彭湃和陈复、陈魁亚等人带领“群进会”的青年学生，开展了一场反对竖像的斗争。起初，他们在海丰县城的大街小巷张贴“墙红”（俗语，指张贴在墙上的告示），揭露林干材的罪恶，号召人们起来反对为林干材“竖像”。林干材、陈月波等人见了，气急败坏，马上派出爪牙，四处去撕扯“墙红”，并调查这次“捣乱”的组织者，还扬言要用武力对付“捣乱”者。反对势力的恐吓，并没有使“群进会”的青年学生退缩，为了使反对“竖像”的斗争更有成效，他们决定将计就计，采取更巧妙的争取办法。

林干材生日前夕，陈月波、马剑朗等得意洋洋，以为无人敢与他们作对了，便派人把林干材的石碑浮雕像抬进了五坡岭的表忠祠。为了防备万一，还派了两名卫兵轮流看守。初冬的夜晚，北风呼呼，卫兵蜷缩在表忠祠的里间睡觉。这时，彭湃和“群进会”的几个青年学生，静悄悄地潜进表忠祠。彭湃和陈复拿着铁锤，摸准了雕像的鼻子，狠狠地敲了几下，把雕像的鼻子砸成了一个大窟窿。卫兵闻声醒来时，彭湃他们早已离开了现场。林干材和陈月波等翌晨看到这个没有鼻子的雕像，哭又不是，笑又不得，直恨得咬牙切齿，却又无可奈何，只好将“丑八怪”偷偷地用船运往碣石，推到大海里去。

当然，林干材、陈月波等人不会就此罢休。他们派出打手，四处寻找彭湃等青年学生寻衅。一见到“群进会”的人，就大打出手，拳脚交加。陈复等人被打伤。打手们没有找到彭湃，便成群结伙，气势汹汹地到彭家施加压力，要彭家将彭湃交出来。

陈月波等土豪劣绅的暴行，群众议论纷纷，认为这实在是欺人太甚。海丰中学的青年学生由彭湃首名具状，联名到省城广州“告状”。这时，龙济光已倒台，统治惠阳地区的桂系军阀陆荣廷、莫荣新为了笼络民心，便将林干材革职，并将打人凶手严拿究办，斗争以青年学生的胜利而告终。（蔡洛、余炎光、刘林松、罗可群）

特色景点

莲花山

位于海丰县北部7公里处，主峰海拔1337.3米，为粤东沿海第一高峰，状如一朵盛开的莲花。明清时期，有高僧在此创建鸡鸣寺等七座古刹，宗教文化发达，被誉为“莲花佛国”。近现代有周恩来、彭湃、徐向前等在此开辟和建立革命武装根据地，留下红四师师部遗址等。

南万红椎林生态公园

位于陆河县北部南万镇，是全国最大的红椎林基地。景区山环水绕，风光如画。带着野花香气的十里小溪，怪石嶙峋，水清石显，山涧瀑布飞流直下，恰似银线落九天。山上古树参天，红椎耸翠，是人们返璞归真、寄情山水的好去处。

金厢银滩

位于陆丰市金厢镇观音岭下海滩，素以“黄金海岸”著称，为粤东地区最大的天然海泳浴场。海滩周围奇礁异石千姿百态，古今名人摩崖石刻随处可见，还有周恩来抢渡碣石湾纪念碑、历史悠久的古迹“水月宫”和古官道，文化底蕴深厚。

玄武山

位于陆丰市碣石镇北郊，依山濒海，是著名的旅游名胜风景区。山南麓之元山寺，是佛道两教合一的宗教活动场所，为粤东地区历史悠久、驰名海内外的名胜古迹，也是闽南语系百姓的佛教信仰中心。寺内保存有大量寺藏历史文物，是国家重点文物保护单位。

红海湾遮浪半岛

位于汕尾市南部约20公里处，素称“粤东麒麟角”，礁岩多姿多彩。海水由于地形及海水流向的特殊性，半岛东西两边的海面景象迥然不同。当这边的海面波涛滚滚，犹如万马奔腾“卷起千堆雪”之时，那边的海面却风平浪静，恬静宜人，实为不可多得的奇观。

凤山

位于汕尾市区东南面的品清湖畔。山虽不高，但以形似一凤凰展翅而得名，登山远眺南海，水天一色，舟楫如梭，近观古镇新姿，高楼林立，绿树婆娑，令人心旷神怡。山麓下之“凤山祖庙”，是广东著名的妈祖庙，是汕尾人民、旅居台港澳同胞及海外侨胞寻根问祖的圣地，历来香火不绝。

旅游服务

交通

公路

汕尾市内有深汕高速公路和324国道横贯全境，将深圳、汕尾、汕头等粤东南沿海城市连接起来，全市重要公路全部修建为水泥路面，路况良好。位于汕尾大道的汕尾汽车总站是汕尾公路客运的枢纽，已开通前往广州、深圳、汕头等省内各重要城市和市内各区县的快速客运班车。

电话：0660—3368712 / 3393039

水运

汕尾水运发达，市区西南部的汕尾港可停泊千吨轮船，从汕尾港到香港的海上航线仅为81海里，有客轮定期直航。

市内交通

汕尾市公共交通发达，公交站点遍布市区内各地，出租车起步价3元，乘坐快捷方便。

住宿

海丰莲花山度假村

一家集饮食、娱乐、住房、运动、旅游、度假、会议、拓展培训等多功能于一体的四星级度假型酒店。

地址：汕尾市海丰县莲花山森林公园龙喷须内

电话：0660—6728888

汕尾佰仕达酒店

地处汕尾市的中心地带，邻近百汇广场、汕尾港，环境优美，闹中有静。

地址：汕尾市城区通航路

电话：0660—6118888

餐饮

汕尾的传统饮食属于粤菜的分支潮汕菜。潮汕菜的特点是刀工细腻、造型精巧，多用焖、炖、烧、炸、蒸的烹饪手法，制作的菜肴味道清淡，注重原料原有的鲜香味。著名的烧雁鹅、太极芋泥、护国菜、清汤蟹丸等都是潮汕菜的代表，深受人们喜爱。

汕尾的小吃十分有名，这里汇聚了各地的特色小吃，口味各异、种类众多。行走于街巷之中，小吃摊档随处可见，除了常见的砂锅、粉丝、包子之外，粿菜、海鲜等汕尾的特色美食最受人们欢迎，诱人的香味、鲜亮的外形都会令人驻留于摊档之前，大快朵颐一番。

线路五 八一枪声震南粤

——南昌起义军挺进粤东红色之旅

YUEDONG

旅游线路示意图

S222
S231
S233
大山镇
起义军普宁军事决策会议旧址
——流沙教堂
普宁市
S222
G324
S231
汾水战役纪念公园
茂芝军事决策会议旧址——全德学校
S233
起义军第二十军第三师司令部旧址——涵碧楼
G15
诏安县
G324
湘桥区
G324
G15
潮州市
饶平县
G324
S231
八一起义军三河坝战役烈士纪念碑
揭东县
G324
G15
S231
G206
S234
起义军汕头总指挥部旧址——大埔会馆
南澳县
龙湖区
汕头市
S234
S237
汕头市“七日红公园”
G15
濠州区
潮阳区
潮南区
G15
周恩来居址、周恩来渡海处纪念碑

历史回放

1927 年 8 月 1 日，根据中共中央的决定，以周恩来为书记的中央前敌委员会率领在党直接掌握和影响下的军队 2 万余人，成功举行了南昌起义，打响了武装反抗国民党反动派的第一枪，开创了中共独立领导革命武装斗争和人民军队的历史新时期。8 月 3 日，起义军迅速撤离南昌，挥师南下，准备以东江为革命基地夺取广州，在广东建立革命根据地，再次北伐。

9 月 18 日，挥师南下的起义军进驻大埔县茶阳，20 日开赴三河坝。在三河坝，起义军前敌委员会作出分兵决定，由周恩来、贺龙、叶挺、刘伯承率领第二十军和第十一军第二十四师共约 6000 多人的主力部队沿韩江水陆二路南下进取潮汕，由第九军副军长朱德指挥第九军教育团和周士第率领的第十一军第二十五师约 3000 多人镇守三河坝，掩护主力部队进取潮汕。10 月 1 日，国民党军钱大钧部 3 个师约 2 万兵力直扑三河坝。朱德率领部队与敌人激战三昼夜，击退敌人多次进攻，毙敌 1000 多人，完成掩护主力部队的任务。由于敌我力量悬殊，为保存有生力量，10 月 4 日凌晨，朱德趁浓雾未散率领起义军突围，用计把尾追的国民党军队引向福建方向，绕道西岩向饶平出发。

10 月 5 日，朱德率领起义军到达饶平县上饶镇，驻扎在茂芝附近村庄，指挥部设在茂芝全德学校。10 月 7 日上午，朱德在全德学校主持召开团以上干部军事会议，作出了“穿山西进，直奔湘南”的决策。下午，朱德率起义军 2000 多人离开茂芝，向福建平和县境进发，历经闽粤赣湘边境半年多的艰苦曲折斗争，经过大庾整编，发动湘南暴动，终于在 1928 年 4 月上井冈山，与毛泽东领导的秋收起义部队胜利会师，正式组成中国工农革命军第四军（后改称为“中国工农红军第四军”）。

三河坝分兵后，南昌起义军主力部队沿韩江水陆二路南下进取潮汕。9 月 23 日，起义军占领潮州，以第二十军第三师教导团和第六团的一部戍潮州，师司令部设于涵碧楼。在潮州，起义军帮助潮安成立革命委员会，军纪严明，秋毫无犯，军民关系水乳交融……至 9 月 30 日撤出，起义军在潮州建立了 7 天的红色政权，史称“潮州七日红”。

9 月 24 日，周恩来等率起义军总指挥部及第二十军第二师、第十一军第二十四师一部进入汕头市，设总指挥部于大埔会馆，宣告汕头市革命委员会成立。26 日，中共中央临时政治局执行委员张太雷从香港秘密来汕，于当天和 28 日两次在总指挥部召开南方局会议，传达党的“八七”会议精神。28 日，周恩来抱病指挥，击退了来自海上军舰国民党宪兵队 80 多人的袭击。30 日下午，潮州在敌军的强势攻击下失守。当晚，贺龙从揭阳汾水战役前线回汕报告战况。起义军前敌委召集紧急会议，决定起义部队撤往海陆丰，同当地农民运动相结合。10 月 1 日凌晨，革委会成员和前委机关以及起义部队撤离汕头市。至此，起义军进占潮汕，建立工农革命政权，历时 7 天，史称“潮汕七日红”。

在起义军总指挥部进驻汕头的同时，9 月 26 日，贺龙、叶挺、刘伯承率起义军第十一军第二十四师和第二十军第一师抵达揭阳，28 日至 29 日，在揭阳玉湖镇浮山村、汾水村一带与敌军展开酷烈的血战。在汾水村山后高地，两军冲锋各数十次，硝烟弥漫，尸体堆积，起义军 2000 余将士牺牲，毙敌 3000 余人。由于敌我力量悬殊，30 日凌晨，起义军快速撤离战场，除少数乘汽轮赴汕头外，主力分三路向普宁方向进发。

10 月 1 日至 3 日，起义军撤至普宁，前敌委员会、革命委员会、党中央和广东省委部分领导人和工作人员分别进驻流沙教堂、白塔秦祠和珍珠娘宫等地。3 日，身染重病的周恩来在流沙教堂侧厅主持了指挥部军事决策会议，史称“流沙会议”。会议从政治上和军事上初步总结了南昌起义以来的经验教训，贯彻了中共中央“八七”会议精神，做出了“丢掉国民党革命委员会的旗帜，打出苏维埃的旗帜，搞土地革命，武装人员撤往海陆丰与当地武装结合，领导人员撤离战区转香港、上海另行分配工作”等重大决策。最终，起义部队 1300 多人抵达海陆丰，整编为中国工农革命军第二师；起义军和革委会的领导人在汕头、普宁、惠来、陆丰等地党组织及农会会员的掩护下，从汕头、神泉、金厢、甲子、碣石等处乘船往香港，后转赴上海。

◎线路点评

这是一条沿着起义斗争路线实地学习八一南昌起义光荣历史和伟大意义的红色经典路线。

红色景点

▶八一起义军三河坝战役烈士纪念碑

位于汀江、梅江、梅潭河三江汇合口的广东大埔县三河坝，两岸高山林立，群峰对峙，地势险峻，是水陆交通要冲，历来为兵家必争之地。

纪念碑高 15 米，宽 4 米，用 35 种 356 块不同规格的密纹花岗岩石砌成，正面镌刻朱德的亲笔题字“八一起义军三河坝战役烈士纪念碑”，碑座上刻有第二十五师师长周士第撰写的碑文。整座建筑整齐划一，宏伟壮观，碑前碑后松柏常青，成为风景优美的烈士陵园。

▶茂芝军事决策会议旧址——全德学校

位于潮州市饶平县北部上饶镇茂芝圩内。该旧址于 1980 年被辟为纪念馆，1981 年列为饶平县重点文物保护单位，并对外开放参观，列展有起义军用过的土枪、土炮和朱德同志使用过的桌、椅、灯以及相关档案资料，占地面积 300 平方米。1982 年，为纪念在全德学校举行的南昌起义军军事决策会议，茂芝小学更名为全德学校。

▶起义军第二十军第三师司令部旧址——涵碧楼

位于潮州市西湖湖畔，坐西朝东，背依苍翠的葫芦山，面临碧绿的西湖水，是一座两层小洋楼，建于 1922 年。1925 年国民革命军东征军进驻潮州时，黄埔军校学生军办事处设在涵碧楼，军校政治部主任周恩来就在这座小楼办公。1925 年 11 月 4 日，第二次东征的国民革命军再克潮州，涵碧楼仍是东征军领导人活动的重要场所。抗日战争期间涵碧楼被日寇炸毁，1964 年重建，并辟为

潮安县革命历史文物陈列馆，全国人大常委会副委员长郭沫若为其题写楼名。1998年，为纪念周恩来诞辰100周年，涵碧楼修葺一新。一楼大厅是重新加彩的周恩来戎装画像，两旁墙壁悬挂郭沫若、粟裕、孔原、萧克等起义军将领重访涵碧楼时留下的珍贵墨迹，北侧设为接待厅，南侧布置了“人民的好总理”图片展览。二楼设置为“潮州七日红”史料陈列馆，重点突出“七日红”主题。

起义军汕头总指挥部旧址——大埔会馆

位于汕头市民权路95号，始建于1926年，为三层钢筋混凝土结构楼房，每层面积424平方米，总面积1271平方米。各层四面都有走廊相通。八一起义军的红旗曾高竖楼顶，迎风飘扬。1988年被汕头市人民政府定为市级文物保护单位，1995年被汕头市委确定为爱国主义教育基地，2010年4月列为省级文物保护单位。拟将大埔会馆建成八一纪念馆。

▶汕头市七日红公园

位于汕头市西北部鮀浦桑浦山麓，汕头大学东侧。为了缅怀周恩来等伟大无产阶级革命家和革命先烈在潮汕的革命史绩，中共汕头市委、汕头市人民政府于1992年兴建“七日红公园”。公园建设用地359.872亩，分为纪念区、游憩区、山林游览区和管理区，以“星星之火，可以燎原，道路曲折，红旗不倒”为纪念线索，以纪念碑道“一波三折”为序列，采用开门见山、突出主题的手法，使入口大门与纪念碑道处于同一直线上。纪念碑矗立在公园北门90米高的山峰上，平台面积约1900平方米，碑高38.9米，刻有原国家主席杨尚昆的题词“人民英烈，浩气长存”，四周遍植苍翠、挺拔的松柏。公园牌坊牌匾为萧克将军题写的“七日红公园”。

▶汾水战役纪念公园

位于揭东县玉湖镇竹竿山。它的建设凝聚着新中国中央军委领导人的心血。粟裕、萧克将军曾亲临玉湖汾水战役中心战场巡视，指示建设汾水战役烈士纪念碑。1997年9月，原中央军委办公厅主任程建宁将军等中央领导和省、市、县及玉湖镇干群在玉湖镇召开“汾水战役”70周年纪念大会，并发出建设“八一南昌起义汾水战役烈士纪念碑”的倡议。社会各团体、个人纷纷响应，玉湖镇政府于1998年开始筹建汾水战役纪念公园，修建了纪念碑、功勋亭、英烈门、烈士墓、纪念碑广场、墓园广场等，把汾水战役纪念公园建成一处高规格的爱国主义教育基地和红色旅游基地。2002年12月被公布为广东省重点烈士纪念建筑物保护单位。

▶起义军普宁军事决策会议旧址——流沙教堂

位于普宁市流沙镇新河东路1号，建于清光绪十六年(1890年)，占地面积1000多平方米，建筑面积340平方米。1962年，该旧址按原貌修复，并辟成纪念馆。1965年6月，全国人大常委会副委员长郭沫若莅普视察，特为旧址题诗：“三十八年如转瞬，流沙胜地我重来。当时烽炬传千里，从此风雷遍九陔。正道沧桑凭掌握，新天日月费安排。而今美帝疯狂甚，纸虎须教化作灰。”此后，全国党、政、军的领导和科研单位学者多有莅馆参观并题词留念。1984年7月，85岁高龄的聂荣臻元帅为旧址匾额题字。

▶周恩来居址、周恩来渡海处纪念碑

周恩来居址位于陆丰市金厢镇黄厝寮村。周恩来、叶挺、聂荣臻从普宁撤出后，在中共汕头市委书记杨石魂陪同下，与中共陆丰南塘区委书记黄秀文取得联系，住在黄秀文家里。当时周恩来身患疟疾，在黄秀文家治病休息近10天。后在杨石魂、黄秀文的陪同下，他们趁夜色来到洲渚村海边，乘木船离开金厢，安全抵达香港。居址即黄秀文家，建于 1927 年，为土木结构平房，面积约 40 平方米。大革命失败后，被国民党反动派烧毁。解放后，陆丰县人民政府拨款按原貌修建。1997 年 9 月 15 日被陆丰市人民政府颁布为文物保护单位。2004 年 12 月被汕尾市人民政府颁布为市级文物保护单位。

周恩来渡海处纪念碑位于陆丰市金厢镇洲渚村“七寮”外。为纪念周恩来在洲渚村乘船渡海前往香港，1992 年陆丰县人民政府特于该处建立纪念碑，碑高 5.6 米，宽 1 米，基座石栏等占地面积 64 平方米。碑上刻有王首道、彭禹贤的题词。

历史小故事

朱德赠枪

1927 年 10 月 3 日傍晚，饶平县委年轻的委员张碧光带着 46 名农军，朝着战火纷飞的大埔三河坝挺进。

原来，此时朱德正带着南昌起义军一部扼守三河坝，掩护大部队进占潮汕。他获悉隔山的饶平农民正在攻打饶城，但农民军装备太差，便送信告诉饶平县委书记，让他找人来领枪。

天刚蒙蒙亮，县委张碧光就带着小分队来到朱德指挥部——东文部高地上。朱德见农军安全到达了，非常高兴，连忙招呼农军兄弟们吃面包，喝开水，亲如一家。但是，朱德仍只字不提赠枪的事情。

张碧光等得心急如焚，斗胆问道："朱军长，你对俺饶平农军很关心呀，派俺前来领枪，但枪支放在哪里呢?"

朱德摸一摸下巴的大胡子，笑笑道："同志，别急嘛，饭后给你们枪支的，放心吧!"

张碧光将信将疑，就遵照朱德的吩咐，带着农军兄弟们隐蔽到山后的树林里去了。

忽然，韩江里枪声大作，炮火连天，约摸半个时辰后，枪声平息了。张碧光带着农军兄弟们来到朱德指挥部门口，只见地上浮起了高高的枪"山"。

农军兄弟们惊奇地私语："真神啊！无怪乎人们传说朱德是活神仙!"

临别，朱德让农军兄弟们每个人挑一条上好的步枪。

农军兄弟们带着朱德赠送的枪回来了，就立即开始攻城。说来也怪，这些枪支打起敌人来，真是神呢，一枪一个。隔日，朱德完成了阻击任务，撤到饶平县来了，派了 300 多名起义军帮助攻城，一下子就把饶城拿下来了。

后来，饶平农军兄弟们还带着朱德赠送的40支步枪参加了福建的平和暴动。那天，刚好下暴雨，平和农军的药枪淋湿打不响。但奇事又出现了，朱德赠送的步枪雨越淋，打得越准，农民兄弟很快消灭了敌人。……暴动胜利后，饶平农军被平和县委誉为“神勇的朱德洋枪队”。（王国梁）

旅游服务

交通

本线路横跨梅州、潮州、汕头、揭阳、汕尾五个地级市，不仅跨度大，路程远，而且个别红色景点相对偏僻，没有专门的公共交通工具前往。建议有组织地驾车或租车前行。

住宿

本路线全程游览下来估计需要几天时间。晚上可选择潮州市、汕头市、揭阳市、普宁市入住酒店休息调整。

潮州嘉逸湾商务公寓

坐落于潮州市繁华地段，与美丽的西湖公园遥相对望，邻近汽车总站，环境舒适。

地址：潮州市湘桥区西河路15号

电话：0768—3903222

汕头华侨大厦

一家多功能的三星级涉外旅游宾馆，拥有设备齐全，安逸整洁的各类客房，设有情致独行的美食广场，经营名式潮粤风味佳肴。

地址：汕头市汕樟路41号

电话：0754—88911208

揭阳榕江大酒店

揭阳首家五星级酒店，位于市区中心，地理条件优越，配备智能管理系统。地址：揭阳市东山区岐山大道（市政府西侧）；电话：0663—8222888—8288

普宁金叶大厦

坐落于普宁市繁华中心，地理位置优越，交通方便，环境幽雅恬静。

地址：普宁市流沙镇河滨路1号

电话：0663—2236889

餐饮

本路线大部分景点位于潮汕地区，餐饮以广东三大菜系之一——潮州菜为主。潮州菜以烹制海鲜见长，从选料到酱碟佐料，都要求新鲜美味、清而不淡、鲜而不腥、郁而不腻。鸳鸯膏蟹、蚝烙、清汤蟹丸等是潮菜海鲜类的代表名作。潮州菜的另一特点是善于烹制素菜，粗料细做，清淡鲜美，比较有名的有护国菜、马蹄泥、厚茹芥菜、糖烧地瓜等。潮州菜的调味配酱也是一流的，不同的菜式都有专门的酱碟，咸甜酸辣，各有讲究。潮州特产的酱料有南姜、梅膏、鱼露、红豉油、三渗酱等，都很有风味，配上一些，能使菜肴更加鲜香。

线路六

中共广东省委“红色祖屋”巡礼

——韶关红色之旅

SHAOGUAN

旅游线路示意图

★中共广东省委旧址——五里亭
★中共广东省委粤北省委历史陈列馆
★中共广东省委、粤北省委旧址——红围
★红色地下交通站——日新小学
中共广东省委旧址——瑶坑★
南雄市
始兴县
狮头寨
苍石镇
红石岩
沙坡寨
江口镇
三角寨
澄江镇
S244
G323
S343

历史回放

1938—1942 年，在广东抗日斗争的危急关头，中共广东省委机关从广州辗转迁往粤北，在艰苦条件下领导全省抗日救亡斗争，在广东党的建设、人民抗日武装的创建，以及抗日民族统一战线等方面开展了大量卓有成效的工作，使广东成为全国三大敌后抗日战场之一。瑶坑、红围、五里亭省委旧址是中共广东省委、粤北省委在抗日战争年代的办公场所，堪称省委的“祖屋”、“祖址”，是我们党领导人民群众克服重重困难、战胜强大敌人、夺取革命胜利的历史见证。

2009 年 1 月 15 日，中共中央政治局委员、广东省委书记汪洋在韶关考察调研时，对做好省委旧址的修复、保护及利用工作作了重要指示。同年 3 月 27 日，省委常委会议作出了修复保护和利用抗日战争时期中共广东省委、粤北省委机关旧址的决定，而后成立领导机构，拨出专项资金，科学制订修复方案，并按照“修旧如旧”、厉行节约的原则，历时一年，对五里亭、瑶坑、红围三处省委机关旧址进行了修复修缮，使其再现历史原貌，并在五里亭旧址附近新建了占地 3000 平方米的抗战时期省委历史陈列馆。

◎线路点评

这是一条了解广东党组织在抗日战争时期，在革命最困难的情况下，如何领导广东人民坚持抗战，坚持与国内外敌对势力浴血奋战的红色经典线路。

红色景点

▶中共广东省委旧址——五里亭

位于韶关市浈江区十里亭镇良村牛头冲。

1938年10月广州沦陷后，中共广东省委机关从广州迁到韶关，先是在市区西河的八路军驻韶关办事处（现市中医院旁边）住了一段时间，然后再落脚在离市区较近、相对隐蔽、群众基础好的帽子峰背后原韶州师范学校林场（即现在的五里亭旧址所在地）。

旧址建筑面积约450平方米，两栋分两边排开，共有10间，均为一层的泥砖瓦平房，中间有一露天走道，正门建有门牌坊。

中共广东省委粤北省委历史陈列馆

位于五里亭省委旧址正对面。陈列馆通过历史与现代展示元素，淋漓尽致地展现了1938年至1942年间，在广东抗日斗争的危急关头，中共广东省委机关从广州辗转迁往粤北，领导全省人民进行抗日救亡斗争，努力开展广东党的建设、人民抗日武装的创建以及抗日民族统一战线等方面工作的艰辛历程。

中共广东省委旧址——瑶坑

位于南雄市黎口镇瑶坑村。瑶坑省委旧址由大小共五间房屋组成，均属土木结构，总建筑面积约200平方米。

1939年冬，中共广东省委从韶关迁到南雄县承庆乡第六保瑶坑村（即现南雄市黎口镇瑶坑村），这里党组织健全，群众基础好，离县城近，省委书记张文彬、组织部长李大林、宣传部长涂振农（后叛变）来到瑶坑后，常驻这里，在这里领导全省的抗日救亡工作。省委机关在当地群众的掩护下，建立了地下交通站和电台，在艰苦的环境里，坚决执

行党中央的指示，积极开展工作，卓越地领导全省地下党员和人民进行抗日救亡运动和武装斗争，使瑶坑村成为当时广东抗日的指挥中心。1940 年 7 月省委机关迁往始兴红围。

▶中共广东省委、粤北省委旧址——红围

位于始兴县沈所镇北村郭屋，建于清朝道光年间，占地面积约 2500 平方米，因整个围子为红色，故取名为“红围”。红围的建筑结构为四个角均等圆角正方形，是个正方四合围园，园内是一座五层楼高的楼房，房子用红泥石灰的混凝土、鹅卵石、部分青砖砌成。1945 年日军攻陷始兴时对红围进行焚毁，现仅存半截遗址。

1940 年 7 月，中共广东省委从南雄迁入红围。省委书记张文彬和组织部长李大林等机关人员住在红围内的楼房四楼，省委电台设在五楼。1940 年 12 月省委在红围召开了一次会议，张文彬在会上宣布中共中央南方局的决定：撤销中共广东省委，正式成立中共粤北省委和中共粤南省委；粤北省委书记为李大林，下辖西江、前北江、后北江、前东江、东江和赣南等特委。1941 年 2 月，粤北省委迁回韶关，省委电台仍留在红围执行任务。

1942 年 5 月 26 日，粤北省委遭到破坏，国民党特务先后逮捕省委书记李大林、组织部长饶卫华和八路军驻香港办事处主任廖承志等人，电台负责人黎百松闻讯从韶关赶回红围，致电中共中央南方局，南方局书记周恩来电示广东党组织：为避免受粤北省委事件的牵连，防止事态扩大，除沦陷区党组织照常活动外，国统区的党组织一律停止活动，割断与暴露地区的组织关系，进行“三勤”活动。1945 年初夏，中共始兴县委奉命将省委电台安全送达中共北江特委，省委所有机关全部撤出红围。

▶红色地下交通站——日新小学

抗日战争时期，日新小学在离始兴红围约两公里的地方。中共广东省委机关从南雄迁入红围后，在这里设立了一个地下交通站。省委电台、交通站人员和一些从前线疏散到始兴的党员，通过合法手续安排到日新小学，以教师职业

掩护开展工作。省委书记张文彬、组织部长李大林等省委机关领导人曾在这里开会、议事。粤北事件后，省委电台也是通过这里转移到安全的地方。因此，这里成为抗战时期中共广东省委、粤北省委的一个重要的地下交通站，俗称为“红色地下交通站”。

2009 年至 2010 年对红围修复保护的同时，也对日新小学进行了修复保护，并与红围旧址一起于 2010 年 7 月 1 日正式向公众开放。

历史小故事

永不消逝的电波

1939 年冬，日军进犯粤北，八路军韶关办事处的电台被转移到南雄，由广东省委领导。1940 年 7 月，省委迁入始兴县红围，并选调南雄县委组织部长黎柏松负责电台工作。

电台原先藏在南雄县城宾阳门外的一个村子里。黎柏松到村子后，发现因房屋矮，天线只能架在附近树林中，容易暴露和被破坏，于是迁到北山上。到北山后，报务员在几次发报中，都发现敌台在侦察。于是，黎柏松决定另谋地方安置电台，最后决定始兴县红围为电台安置地点。黎柏松和赖仰高将收发机分别藏在两个筐子里，涉险通过国民党地方关卡从北山挑到红围。电台附近有老党员郭招贤做掩护，他弟弟是当地进步的国民党保长。

1940 年 12 月，根据中共中央南方局决定，撤销广东省委，成立粤北省委和粤南省委，均隶属于中共南方工作委员会（以下简称“南委”）。粤北省委驻韶关，粤南省委驻香港。粤北省委成立后，省委电台归粤北省委领导。1941 年 2 月，粤北省委迁驻韶关城郊五里亭农场，省委电台仍留在红围。

黎柏松以做买卖为名，每周一次，有时多次到韶关和住在五里亭农场的粤北省委书记李大林单线联系，送电报或收电文回红围发送。由于路程较远，为了避免检查，黎柏松取得以国民党将军张发奎为名誉董事长的风度学校公教员的身份证，乘坐国民党的军车，来往通行无阻。他携带的电报都是密码密字，不上药水显不出来，而且体积极小，遇到意外，可随时毁掉。为安全和联系方便，电台设立两个中间站：一是在始兴县城开一间小店，赖仰高、梁林以做生意为掩护；二是在韶关东河坝一间豆腐店后面租间房子，黎柏松以樟油商为名住在这里，与粤北省委秘书长严重直接联系。

李大林还派欧新与国民党省政府的无线电台台长陈铮郎（中共党员）单线联系，一方面获取重要情报，另一方面，因为省委电台设备不全，一旦发生故障，会严重影响收发，所以，通知陈铮郎准备好一批零配件给省委电台作备用，保证电台安全运转。

李大林在家中设有一个安全信号，即在窗户上放一盏油灯，窗户经常撑开，见有油灯亮着，则表示安全；窗户紧闭，不见油灯，则说明是个危险信号。

这些安全布置，在后来发生的"粤北事件"中，起到了极其关键有效的作用。（林益）

特色景点

南华禅寺

位于韶关市曲江区马坝镇东南 6 公里的曹溪之畔，是我国著名的佛教古刹，广东四大名寺之一，也是佛教禅宗六祖慧能弘扬"南禅宗法"的发祥地，素有"禅宗祖庭"之称，在中国佛教发展史上占有重要的位置。

马坝人遗址

位于韶关市曲江城区西南 2 公里处的狮子岩。马坝人是介于中国猿人和现代人之间的古人类，为 12.9 万年前的旧石器时代的古人类，它为完善

我国原始人类发展的序列提供了相当重要的资料。马坝人遗址风景区是一个山、水、洞、石兼收并蓄，集考古与旅游、知识性与娱乐性为一体的广东省著名的大型考古旅游胜地。

丹霞山

位于韶关市东北郊，国家级风景名胜区、自然保护区、4A级旅游区，2004年经联合国科教文组织批准成为世界地质公园。丹霞山又称“中国红石公园”，自古为岭南第一奇山，其山石拟人拟物、拟兽拟禽，宛如雕塑大师的一尊尊艺术杰作，但却无一不是出于大自然的鬼斧神工。

广东大峡谷

位于乳源县西南60公里处的大布镇。峡谷长达15公里，谷深300多米，谷宽200—300米，谷面是一马平川的高原草地，峡谷两边是悬崖峭壁，谷底一瀑一潭，珍稀动植物丰富。曾被评为“广东最美的峡谷”、“最受外国人欢迎的广东十大景观之一”、“广东自驾游十大最优景点之一”。

珠玑古巷

位于南雄市城北9公里处的梅关古驿道上，是广东仅有的宋代古巷古道，有“广东第一巷”之誉，巷全长1500多米，路面宽

4 米多，用鹅卵石铺砌而成，巷内仍保留着不同朝代的古楼、古塔、古榕和古建筑遗址等一批文物古迹、观光景点，走进珠玑巷，当年的古镇风貌依稀可辨。

车八岭自然保护区

位于始兴县东南部，总面积 11 万亩，森林覆盖面积为 6.1 万亩，是广东省面积最大的自然保护区之一，集观光、度假、考察、探险专项旅游和教学实习、自然环境、科学研究、野外娱乐于一体，有“物种宝阵，南岭明珠”之称。

旅游服务

交通

铁路

韶关火车站是京广铁路线上的主要停靠站，每天有多次列车往返境内。因此到韶关旅游，乘坐火车是最方便的。

公路

韶关素来就有“三省通衢”的美名，可见其交通网络的发达。京珠高速公路，105、106、107、323 国道贯穿韶关。韶关有三大客运站，分别是：

汽车客运东站

地址：韶关市南韶路 56 号

电话：0751—8222848/8883662

汽车客运西站

地址：韶关市武江区工业东路 1 号

电话：0751—8866140/8754176

汽车运输公司客运站

电话：0751—8888711/8888061

区内交通

韶关市的公共汽车共有 25 条线路，外加 1 条环城线和 6 条专线，运营时间 6:30—21:30。韶关市区出租车起步价 6 元，如果人多，而且路程不远，出租车比公共汽车更划算。

住宿

湖心宾馆

位于韶关市区繁华地段，宾馆内湖水清澈，各式花草树木互相映衬，尽显江南特色。

地址：韶关市工业东路 17 号

电话：0751—8176183

曹溪温泉假日度假村

广东最大的温泉别墅度假村，毗邻南华寺、马坝遗址、丹霞山等风景名胜，距离广州仅 2 小时的车程。

地址：韶关市曲江区马坝镇转溪桥头

电话：0751—6658111

餐饮

韶关街头有许多快餐食品店，价钱 3—5 元不等。步行街上有一些卖小吃的摊位，饮料、甜品、粉、面都有，还有炒螺、炸豆腐等，价钱从 0.5 元到 5 元不等。位于惠民北路的大可以乡村风味店，是韶关比较有名气的饭馆，店里最有特色的菜是“三杯螺”，螺的品种有东风螺、田螺、三坑螺和石螺，“三杯”的意思是指做这道菜主要有三杯配料，把它们和螺一起焖好后用瓦煲上桌，味道香浓，值得品尝。

线路七

抗日战争劲旅

——东纵征途红色之旅

DONGZONG

旅游线路示意图

东莞·广东东江纵队纪念馆
东江纵队《前进报》社旧址
惠州·东江纵队司令部旧址
东江纵队政治部遗址
惠州·东江纵队纪念馆
东江抗日军政干部学校旧址
深圳·东江纵队纪念馆
深圳·东江纵队司令部旧址
东江纵队北撤纪念亭
东江纵队纪念馆
三江镇
九龙潭
博罗县
惠州市
红潭
惠城区
邓演达故居
惠阳区
龙岗区
东莞市
鹅义炮台
南沙区
深圳宝安机场
深圳野生动物园
深圳市
宝安区
南山区
福田区
罗湖区
盐田区
北区
大埔区
元朗区
沈海高速公路
莞深高速公路
莞佛高速公路
龙大高速公路
惠盐高速公路
惠常高速公路
S119
G35
S256
G107
S120
G324
G25
G205
S254
S357
S255
S107
G9411
G94
S358
S356
S30
G15
S360

历史回放

1938年10月12日，侵华日军在惠阳大亚湾登陆，东江下游各县及广州相继沦陷。中共广东省委及八路军驻香港办事处负责人廖承志，根据中共中央关于要在日军占领区开辟抗日游击区的指示，派一批共产党员到东莞、宝安、惠阳、增城等地组织抗日武装，先后建立了惠宝人民抗日游击总队（曾生任总队长）和东宝惠边人民抗日游击大队（王作尧任大队长），两支武装共200余人。1939年初，经与东江国民党当局谈判达成协议，这两支武装分别改番号为国民革命军第四战区第三纵队新编大队和第四纵队直辖第二大队。

1940年8月，曾生、王作尧等遵照中共中央指示，率部重返东宝惠地区，将部队整编为广东人民抗日游击队第三、第五大队，林平兼任两个大队的政治委员，梁鸿钧负责军事指挥，曾生、王作尧分任大队长。两个大队分别挺进东莞大岭山区和宝安阳台山区开辟抗日根据地。1942年1月，中共中央南方工作委员会副书记张文彬到阳台山抗日根据地的白石龙村召开游击队干部会议，总结了部队三年来对敌斗争的经验，成立了以林平为书记的中共广东军政委员会，统一领导东江和珠江地区的抗日斗争，并将广东人民抗日游击队编为游击总队。1943年12月2日，为适应斗争需要，游击总队在惠阳县土洋村（现深圳市龙岗区葵涌街道土洋村）改编为广东人民抗日游击队东江纵队，曾生任司令员，林平任政治委员，王作尧任副司令员兼参谋长，杨康华任政治部主任。纵队成立后，大力加强部队建设，广泛开展杀敌竞赛和扩军竞赛，不断向日伪军发动进攻。1945年春，东江纵队派出两个支队挺进东江北岸，开辟以罗浮山为中心的江北抗日根据地。5月，纵队领导机关由东江南岸转移到博罗县罗浮山。8月初，主力1000余人挺进粤赣湘边区，准备迎接八路军南下支队，开辟五岭抗日根据地。8月15日，日本宣布投降。东江纵队遵照朱德总司令的命令，立即向拒绝缴械的华南日伪军展开进攻，收复城镇 60 余处，歼灭日伪军 1000 余名。七年中，东江纵队在远离中共中央，难以取得华北、华中抗日根据地直接支援的困难条件下，与琼崖纵队、珠江纵队、韩江纵队和粤中人民抗日解放军、南路人民抗日解放军等人民武装共同坚持了华南的抗日战争，经历大小战斗 1400 余次，歼灭日伪军 9000 余人。部队发展到 1.1 万余人，建立了大片抗日根据地，成为华南抗日战场的一支主要力量。1946 年 6月，根据国共两党谈判达成的协议，东江纵队主力以及包括珠江纵队、韩江纵队及南路人民抗日解放军等部分骨干北撤至山东省解放区，解放战争时期改编为中国人民解放军两广纵队。

◎线路点评

这是一条了解中国共产党领导的华南抗日劲旅东江纵队为了民族的解放事业而浴血奋战的光辉历程的红色经典线路。

红色景点

·东莞·

▶广东东江纵队纪念馆

位于东莞市大岭山镇大王岭村，是展示广东人民抗日游击队东江纵队历史的专题纪念馆，第四批全国青少年教育基地。纪念馆包括第六批全国重点文物保护单位——大岭山抗日根据地旧址和东江纵队主题展览两部分。

1940 年 10 月，广东人民抗日游击队东江纵队的前身之一——广东人民抗日游击队第三大队，挺进东莞大岭山区，在大王岭村设立部队领导机关，创建大岭山抗日根据地，开展敌后游击斗争，曾取得百花洞战斗的胜利，粉碎日伪军“万人大扫荡”，沉重地打击了日伪军，有力地支援了华南地区及全国的抗日战争。大岭山抗日根据地是东江纵队发祥地和重要活动地之一，是东江抗日根

据地的重要组成部分，是华南敌后抗战的重要战场。现存广东人民抗日游击队第三大队大队部、会议室、大家团结报社、交通站、粮食加工场、操场、医务所、中山书院，以及大岭山抗日民主政权连平联乡办事处九处文物旧址，其复原陈列分别依照抗战时期各旧址的历史原貌，采用当地的革命和民俗文物复原场景。

馆内还设有临时展厅、报告厅等，楼顶设观景台，可远眺大王岭村抗日旧址、百花洞战场和大岭山镇新貌。

·深圳·

▶东江纵队司令部旧址

位于深圳市龙岗区葵涌街道土洋村。该建筑建于 1912 年，原为中西合璧风格的意大利天主教堂，由主楼、礼拜堂和附属用房等三部分组成，中间有走廊相通。

1942 年春，广东人民抗日游击总队的指挥部由龙华迁到葵涌土洋村该建筑内。1943 年 12 月 2 日，遵照党中央的指示，广东人民抗日游击队东江纵队正式公开宣布成立，该建筑成为东江纵队司令部所在地。主楼为曾生、尹林平、

王作尧等领导人工作和居住的场所，礼拜堂则作为会议室和作战室。楼房后面的小平地，是小型练兵场。山脊小径可以直通山顶的哨所。练兵场后侧建有一座琉璃正檐八角亭，为解放后人民政府所建的“东江纵队纪念亭”。

新中国成立后，该旧址一度成为土洋小学校址。1984 年 8 月，被深圳市人民政府公布为市级文物保护单位。1997 年 3 月，市、区、镇拨专款修复东纵司令部旧址，并在该处设立东纵史迹展览馆。1998 年 5 月，展览馆正式对外开放。2002 年 7 月，东纵司令部旧址被广东省人民政府公布为省级文物保护单位。

▶东江抗日军政干部学校旧址

位于深圳市龙岗区大鹏街道大鹏所城东门外龙头山腰的东山寺内。东山寺始建于明洪武二十七年（1394），建筑面积约为 1400 平方米。

1944 年 7 月，为了提高部队战斗力和干部文化水平，根据党中央指示，东江纵队在东山寺内开办了“东江抗日军政干部学校”，由东江纵队副司令员王作尧兼任校长。干校共举办两期。第一期仅设军事部，学员 200 人。同年底，该校第二期扩大招生，增设排级干部训练班，并招收一部分中学生，学员达 400 多人。东江抗日军政干部学校后改为抗日军政大学第七分校，1945 年春随东江纵队司令部迁至罗浮山。

▶东江纵队北撤纪念亭

位于深圳市龙岗区葵涌街道沙鱼涌的海滩上。抗日战争胜利后，蒋介石集团加紧策划内战，广东国民党当局调集优势兵力，企图一举歼灭中共华南武装。1946 年 5 月 21 日，经过反复谈判，国共双方终于正式签署《东江停战和华南中共武装北撤问题联合会议决议》。6 月 29 日，在大鹏湾沙鱼涌海滩举行欢送北撤部队的大会。

1985 年 9 月，原深圳市宝安县人民政府在沙鱼涌海滩建亭竖碑。纪念亭下面为花岗石块砌成的护坡。亭侧竖立一纪念碑，上镌刻有“一九四六年六月三十日，人民抗日游击队东江纵队及各江武装部队，为了坚持国内和平，从此登船北撤山东。曾生题。宝安县人民政府立于一九八五年九月”字样。

▶东江纵队纪念馆

位于东江纵队的重要活动地区——深圳市坪山新区东纵路石灰陂村。由深圳市东江纵队老战士联谊会筹建，坪山镇委、镇政府全力配合，并得到了深圳及省内外东纵、边纵联谊会老战士、深圳革命老区村镇广大群众以及深圳工商界、港澳爱国人士、海外侨胞的鼎力赞助和大力支持。2000 年 5 月建成，12 月 2 日正式开馆。

纪念馆占地 5000 平方米，建筑面积 1500 平方米。馆内陈列有 658 份珍贵历史照片和历史文献、70 件老战士捐赠的实物、15 幅革命历史题材的油画、14 幅动态作战示意图、一座包含 6700 多位烈士的英名碑等。共分为抗日救亡、武装准备，组队抗敌、突围东移，返回敌后、恢复发展等 13 部分。整个陈列展示了南粤儿女从抗日战争至解放战争以及社会主义建设时期奉献牺牲的英雄历程。东江纵队纪念馆已成为深圳市和广东省重要的爱国主义教育场所之一。

·惠州·

▶东江纵队司令部旧址

位于国家级重点风景名胜区罗浮山朱明洞区的冲虚观。1945 春，中共广东省临时工作委员会根据中央的指示，决定将东江纵队司令部迁往罗浮山，以建立五岭革命根据地，司令部设在冲虚观。1945 年 7 月 6—22 日，中共广东省临委在冲虚观召开干部扩大会议，会议以中共“七大”精神为指导，进一步明确了新形势下的斗争任务，并通过了“迅速北上，创立战略根据地”等几项重要决议。

冲虚观始建于东晋咸和年间（327—334），初为葛洪修道炼丹南庵，称都

虚，后改冲虚。1979 年，东江纵队司令部旧址被列为广东省重点文物保护单位。

▶东江纵队政治部遗址

位于罗浮山东侧白鹤观，离冲虚观约 2.5 公里，是葛洪来罗浮后设置的东庵故址。

1945 年 5 月底，东江纵队将司令部、政治部及军政干校全部迁到罗浮山。其中，司令部设在冲虚观，政治部设在白鹤观。1945 年 6 月 15 日，东江纵队政治部主任杨康华在白鹤观主持召开增城、龙门、博罗各界名流参加的国事座谈会，共商建立县抗日民主政府和抗日救亡大计，以结成更广泛的抗日民族统一战线，夺取抗战的最后胜利。

白鹤观被毁于 1955 年，现存有遗址。

▶东江纵队前进报社旧址

位于罗浮山西聚霞峰下的朝元洞。清咸丰年间，先天教徒林东初来罗浮，同治十二年（1873 年），其徒弟沈道文创为朝元洞，共祀孔子、老子、释迦三教。洞门上端镶嵌着“朝元洞”石匾。朝元洞早年荒废，现仅存几截残墙基。

1945 年 3 月，东江纵队机关报前进报社全体工作人员随东江纵队政治部来到罗浮山，选择最险要、最隐秘的朝元洞安营扎寨。9 月初，按照东江纵队司令部的撤离指示，《前进报》完成了在罗浮山最后一期印刷，即把印刷机及大量文件进行隐蔽处理。该印刷机如今陈列在东江纵队纪念馆。

▶东江纵队纪念馆

坐落在国家级重点风景名胜区罗浮山朱明洞区内，三面环山，右侧不远处为东纵司令部旧址冲虚观。

为弘扬东江纵队革命精神，中共博罗县委、县人民政府决定兴建东江纵队纪念馆。筹建工作始于 2001 年，历时两年建成，2003 年 12 月开馆。建筑面积 3300 平方米。馆名由原全国政协副主席叶选平题写。馆内设四个展厅及工作服务区。陈列的重要文物有东江纵队《前进报》印刷机和东江纵队、粤赣边纵队当年出示的布告等。英烈厅刻写着 5000 多位烈士英名。纪念馆前面，是一个2000多平方米的广场。广场上安放着一组东江纵队将士的人物雕塑。

东江纵队纪念馆为惠州市中共党史教育基地和爱国主义教育基地。2006 年被评为广东省爱国主义教育基地。

历史小故事

营救美军飞行员

1943 年底，美军著名的“飞虎队”(即第十四航空队)正在猛烈轰炸日军在广州、香港等地的军事目标，以配合太平洋作战。一时间，广东、香港空战频频。东江纵队也开始了对遇险的美军飞行员的营救行动。

1944 年 2 月 21 日，“飞虎队”的 20 架战斗机护卫的 12 架轰炸机，在香港上空遭遇日军战斗机拦截，双方发生空战。战斗中，美一架战斗机被击中起火，飞行员克尔中尉受伤跳伞。当他向地面降落的时候，下面的情景令他不寒而栗:启德机场的跑道上，一大群日本兵欢呼着、奔跑着，正等着抓他。正在克尔绝望之际，他来到了新界的一个地方。暂时脱离了危险的他落地后也不知道应往什么地方去。此处与九龙只有一山之隔，敌人随时都会来搜捕。克尔漫无目的地狂奔起来。不久，就见到大批的日军喊叫着追了上来。危急时刻，树丛中出现了一位十二三岁的中国少年，他用手势招呼着克尔，然后带着克尔快速地消失在山间小路上。中国少年将克尔带到了一个隐蔽的山洞，将克尔严严实实地藏起来就快速离开。在外面日军的狂叫声中克尔度过了一个难熬的夜晚。第二天，一无所获的日本人只好回去了。少年和他的一个伙伴则背着食物和棉被来到了克尔的山洞。在以后的几天中，两个中国少年天天按时来到山洞，为克尔送饭、敷药，少年还用身上仅有的 5 毛钱军票，买了一块糖送给克尔。尽管克尔每天都能看到搜索他的日军，但两个中国人的到来使他不再害怕。后来，他才知道这两个中国人不是别人，正是东江纵队的年轻战士。后来，东江纵队在香港的西贡、沙田、九龙与日军周旋了十几天，日军出动千余人在这一带搜查围捕都未能得逞。克尔最终被中国的游击队员带出山林，送到了安全的地方。克尔归队后，将少年送给他的那块糖一直带在身边，他常常朝着香港的方向自言自语地说:“为了抢救我，你们一定动员了许多我所看不见的力量，我要和你们做永远的朋友，永远永远。”

此后，东江纵队又营救了多名遇险美军飞行员，包括 1944 年 5 月 26 日被日军击落的 B-25 轰炸机上的 5 名飞行员和 1945 年 1 月 16 日被击落的两架战斗机飞行员。他们归队后都给东江纵队写了热情洋溢的信，其中一封信中写道:“我从未见过像你们游击队这样英勇的军队，终有一天，全世界都将传颂你们伟大的工作。”（马骏杰）

旅游服务

交通

本路线红色景点位于东莞、深圳、惠州三市。三市交通发达，出行便利，可驾车或坐车前往。

东莞东江纵队纪念馆可从东莞汽车总站或市区乘坐 K2 或 91 路公交车，到大岭山镇转乘 92 路公交车或 4 路、6 路镇内公交车。

深圳东江纵队司令部旧址、东江纵队纪念馆均位于深圳市坪山新区，在深圳市内乘坐 360、364 路大巴至大鹏站，转乘 818 路至核电站即可到达。前往东江纵队北撤纪念亭不管是走海边公路还是走盐坝高速，都要经过土洋村。在去南澳的公路上，又有两个岔道：一条土道加上水泥路蜿蜒可直达沙鱼涌村，这是一个百年老村，窄窄一条小街贯穿始终，走到尽头再上一条山上小路，不到百米，即可到达海滩东纵北撤纪念亭。另外一条岔道虽然较远，要绕过官湖村，但是水泥路比较好走，汽车可以直达海滩停车场。

惠州东江纵队纪念馆、东江纵队司令部旧址等景点均位于罗浮山。广东省长途汽车客运站（广州火车站旁）每天有多班高速直达客车往返广州至罗浮山，票价：40 元 / 人。广州天河汽车客运站每天也有多班客车到惠州，可以在长宁镇大门下车，然后搭乘惠州至罗浮山大巴。惠州与罗浮山之间每隔 15 分钟有一班豪华大巴车对开，车程为两小时，票价不超过 20 元 / 人。

住宿

东莞帝豪假日酒店

一家五星级酒店，毗邻大岭山镇行政中心和文化广场，交通便利，距离广东东江纵队纪念馆大约 2.9 公里。

地址：东莞市大岭山镇广发路 2 号

电话：0769—85788888

深圳市小梅沙观景度假酒店

位于大鹏湾畔小梅沙，离东江纵队纪念馆约 8.7 公里，在此观潮起潮落、海上明月，听风声鸟声惊涛拍岸，可解你一天之烦忧，燃点你对美好生活的憧憬。

地址：深圳盐田区小梅沙旅游中心 14 号

电话：0755—25036788

罗浮山宝田国际度假会议中心

位于风景秀丽的罗浮山风景区，集住宿、会议、度假、高尔夫、餐饮、康体、休闲、娱乐、休闲为一体的大型综合度假会议型酒店。

电话：0752—6891111

餐饮

东莞、深圳、惠州三地的饮食各有特色：

东莞菜属岭南菜系，具有浓郁的地方特色，分山乡风味菜系、水乡风味菜系等，各有代表菜式，如山乡风味里有樟木头客家咸鸡、大朗榄酱炒饭、清溪茅根黄豆坑螺汤等，水乡风味有沙田莲藕煲龙骨汤、洪梅芋合干拗蚬肉、虎门蜜汁烤鳗鱼等。东莞临江面海，水产丰富，海鲜也是特色之一，除了出名的膏蟹、重壳蟹、濑尿虾、石斑鱼等等，还以出产基围虾著名。

深圳是一座移民城市，也是一座美食城。这里汇集了天南地北的珍馐百味：无论是声名远播的中国美食，还是欧美的西式大餐；无论式享誉中外的中国八大菜系，还是极具地方特色的四大风味；无论是登大雅之堂的大餐正席，还是不上台面的农家土菜，都可以在深圳一一品尝。

酥醪土鸡、正宗酥醪焖鹅、酥醪腊肉、红野菜、鲜嫩竹笋等，是惠州罗浮山特有的美食。最令人垂涎欲滴的，要数养一整年才长 100 来斤的正宗酥醪土猪全猪宴。还有仙人菜干汤、罗浮上素、清炒坑螺、东江豆腐煲，都不可错过。

线路八

改革开放前沿阵地

——特区红色之旅

TEQU

旅游线路示意图

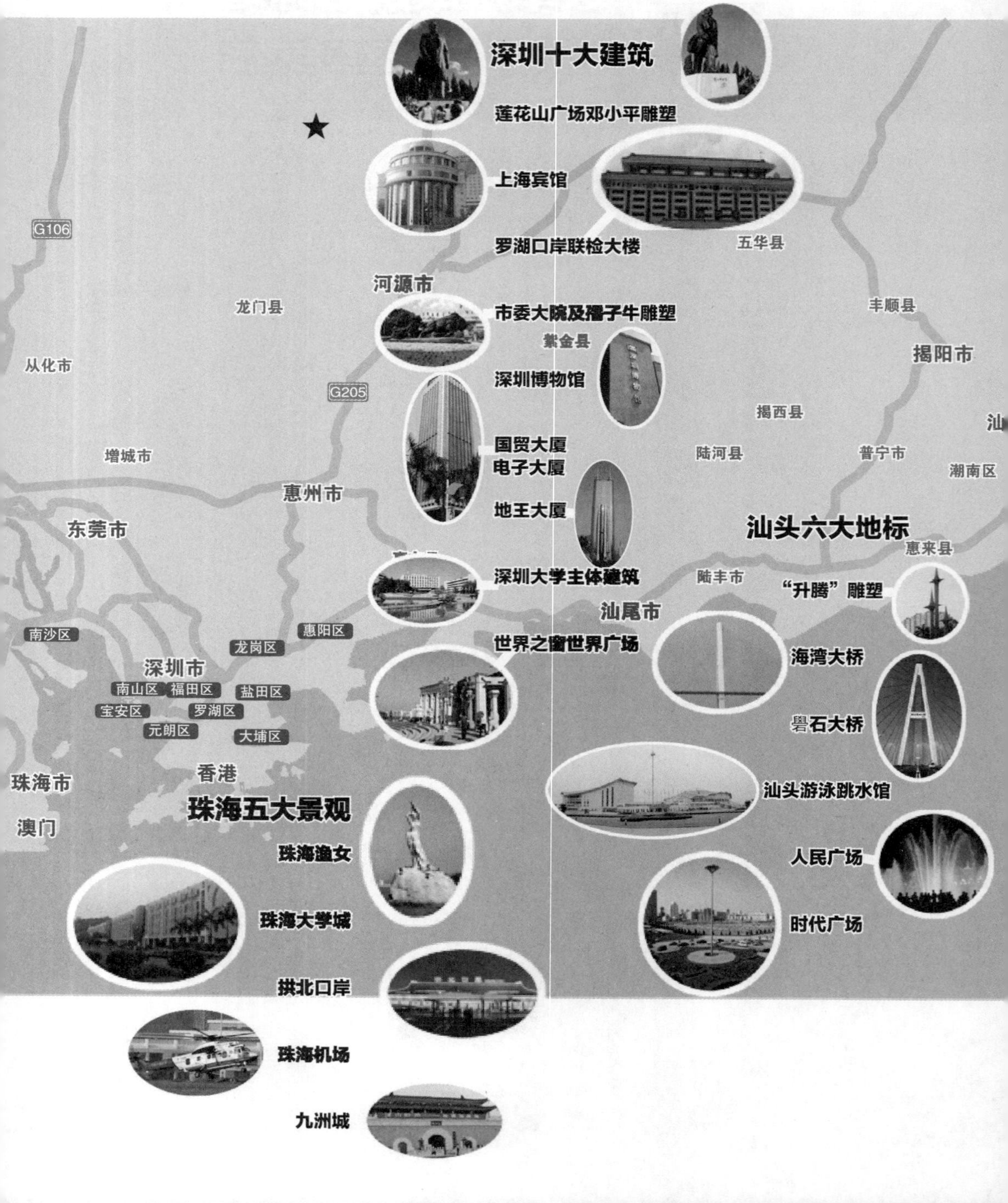

深圳十大建筑
莲花山广场邓小平雕塑
上海宾馆
罗湖口岸联检大楼
市委大院及孺子牛雕塑
深圳博物馆
国贸大厦
电子大厦
地王大厦
深圳大学主体建筑
世界之窗世界广场
汕头六大地标
“升腾”雕塑
海湾大桥
礐石大桥
汕头游泳跳水馆
人民广场
时代广场
珠海五大景观
珠海渔女
珠海大学城
拱北口岸
珠海机场
九洲城
G106
G205
河源市
龙门县
从化市
紫金县
五华县
丰顺县
揭阳市
揭西县
陆河县
普宁市
潮南区
增城市
惠州市
东莞市
惠来县
陆丰市
汕尾市
南沙区
惠阳区
龙岗区
深圳市
南山区
福田区
盐田区
宝安区
罗湖区
元朗区
大埔区
香港
珠海市
澳门

历史回放

兴办经济特区，是中国共产党人和中国人民在探索中国特色社会主义道路上进行的一个伟大创举，是党和国家为推进我国改革开放和社会主义现代化作出的一项重大决策。1978 年，党的十一届三中全会作出把党和国家工作中心转移到经济建设上来、实行改革开放的历史性决策。在邓小平等领导同志亲自关怀下，党中央、国务院决定兴办深圳、珠海、汕头、厦门经济特区，随后又兴办海南经济特区，实行特殊政策和灵活措施，发挥它们对全国改革开放和社会主义现代化建设的重要窗口和示范带动作用。

在全国五个经济特区中，广东有三个：深圳、珠海和汕头。30 多年来，在党中央、国务院坚强领导和全国人民大力支持下，广东三个经济特区坚持锐意改革，敢闯敢试、敢为天下先，勇于突破传统经济体制束缚，率先进行市场取向的经济体制改革，在我国实现从高度集中的计划经济体制到充满活力的社会主义市场经济体制的历史进程中发挥了重要作用；坚持发展第一要务，大力解放和发展社会生产力，积极推进自主创新，提高经济发展质量和效益，改善人民生活，探索和积累了实现快速发展、走向富裕的成功经验；坚持对外开放，有效实行“引进来”和“走出去”，积极利用国际国内两个市场、两种资源，成功运用国外境外资金、技术、人才和管理经验，为我国实现从封闭半封闭到全方位开放进行了开拓性探索；坚持服务国家发展大局，全国支持经济特区发展，经济特区回馈全国，促进东中西部协调发展，对全国发展起到重要辐射和带动作用；坚持“一国两制”方针，加强同香港、澳门、台湾地区的多领域交流合作，为推动香港、澳门回归祖国并保持繁荣稳定和促进祖国和平统一大业发挥了桥梁和纽带作用。经过 30 年的不懈努力，三个特区已经发生了翻天覆地的变化，成为中国富有特色的现代化城市，创造了世界工业化、现代化、城市化发展史上的奇迹。特区广大干部群众以蓬勃的进取精神和创新实践，为我国改革开放和社会主义现代化建设作出了重要贡献。

深圳等经济特区的发展成就，是邓小平理论和“三个代表”重要思想以及科学发展观的实践成果，是改革开放以来我国实现历史性变革和取得伟大成就的生动缩影，是我国社会主义制度优越性的有力印证。它丰富了我们对改革开放和社会主义现代化建设规律的认识，坚定了全国各族人民坚持改革开放、走中国特色社会主义道路的信心，向全世界展示了社会主义中国的勃勃生机和光明前景。

◎线路点评

这是一条了解我国改革开放历程、见证改革开放和特区建设伟大成就的红色经典线路。漫游其中，特区的美丽繁荣和勃勃生机会让你我倍感骄傲自豪，更加坚定我们坚持改革开放、走中国特色社会主义道路的信心。

红色景点

见证深圳特区改革开放历史的十大建筑

▶莲花山广场邓小平雕塑

位于莲花山公园山顶，雕像高 6 米。2000 年 11 月 14 日落成，是全国第一座由中央批准，以城市雕塑形式树立的邓小平雕像。江泽民同志为雕像揭幕。

▶上海宾馆

位于深南中路。始建于1983年，1985年正式开业。素有深圳城市“坐标”之称。在深圳经济特区发展初期，是城市的地标性建筑，其以东为市区，以西为郊区，见证了深圳城市发展进程。

▶罗湖口岸联检大楼

位于罗湖区深圳河北岸。罗湖口岸是深圳最早的口岸，新大楼于1985年4月竣工使用，是我国最早实行联检的口岸。罗湖口岸联检大楼一开始就发挥着重要的窗口作用，它联结着深圳和香港，是中国人流量最大的陆路出入境口岸。

▶市委大院及孺子牛雕塑

位于深南中路。市委大院是深圳建设的总指挥部。门前孺子牛雕塑，于1984年7月27日落成，当年获第六届全国美术展金奖。雕像象征奋力开拓的特区建设者，成为代表改革、开拓、创新的深圳精神的一个标志形象，广为人知。

▶深圳博物馆

位于深南中路，是 20 世纪 80 年代深圳初创时著名的“八大文化设施”之一。始建于 1984 年 2 月，1988 年 11 月开馆。该建筑具有传统和现代建筑风格相结合的特点，曾获全国公共文化设施设计二等奖，是深圳文物收藏展览和地方史研究中心。曾举办深圳经济特区成立 10 周年、20 周年大型展览，江泽民等党和国家领导人以及 81 个国家首脑先后到博物馆参观。门前一座造型为双臂撑门的雕像，象征深圳在改革开放中的敢闯精神。2008 年，位于深圳市福田区市民中心东翼的深圳博物馆新馆建成，深圳博物馆从一个以地志性类博物馆，发展成为一个集文物征集、考古、收藏、研究、展示、教育推广于一身的“以地志性为主的综合性、多功能、开放型”博物馆。

▶国贸大厦

位于嘉宾路与人民南路交会处。于 1984 年 10 月兴建，1985 年 12 月竣工。楼高 160 米，共 53 层，是当时全国最高建筑。建设中三天盖一层楼，创下了建筑史上新纪录，是“深圳速度”的代名词。1992 年，邓小平同志视察深圳，在这里发表谈话（即“南方谈话”部分内容）。这里也曾接待过江泽民、李鹏等党和国家领导人以及尼克松、布什、海部俊树、李光耀、加利等外国政要。

电子大厦

位于深南中路华强北地段。始建于 1981 年 1 月，次年 8 月竣工。楼高 20 层，建成时是深圳经济特区的第一座高楼，也是当时深圳的地标形象。围绕电子大厦，逐渐兴起了华强北电子商圈，带动了深圳电子工商业的发展。

地王大厦

位于深南中路。高 420 米，共 81 层。于 1996 年完工。建成时是亚洲最高建筑，也是全国第一个钢筋结构高层建筑。现为深圳市最高建筑，位居目前世界十大建筑之列。

深圳大学主体建筑

于 1983 年 5 月 10 日经国务院批准成立，9 月 27 日开学，临时校址在解放路。1984 年 2 月新校园开始动工建设，同年 9 月迁入新校园。其建校速度快、效率高的特点，同样创造了“深圳速度”。校园占地 1 平方公里。建校 10 周年之际，江泽民题写了校名。

▶世界之窗世界广场

世界广场建成于 1994 年，是世界之窗最具代表性、艺术性的一个景点。2001 年广场内建成的中国首座全景式环球舞台，为亚洲第一。自景区开业以来，环球广场舞台先后上演《跨世纪》、《创世纪》等大型歌舞，产生广泛影响。

展现珠海特区建设风貌的五大景观

▶珠海渔女

位于珠海市风景秀丽的香炉湾畔，1982 年秋季正式落成，是中国第一座大型海边雕像，她颈戴项珠，身掮渔网，裤脚轻挽，双手高高擎举一颗晶莹璀璨的珍珠，带着喜悦而又含羞的神情，向世界昭示着光明，向人类奉献珍宝。珠海渔女与珠海情侣路珠联璧合，展示着美丽、浪漫、诗意的珠海形象，是珠海市的象征。

▶珠海大学城

位于依山傍海的珠海市北部地区，如今已成为境内外游客频繁光顾的一处风景，成为人们观察“不一样”的珠海的一扇窗口。在建设经济特区的进程中，珠海市于20世纪90年代末开始大规模引进优质高等教育资源，10年间赫然崛起10所大学，全日制在校大学生逾10万。珠海大学城不仅成为我国高等教育改革创新的重要标志，更改变着珠海的人口素质、城市格局和产业选择。

▶拱北口岸

位于珠海市迎宾南路，是全国第二大口岸重地，毗邻澳门，陆路与澳门相连，地理位置特殊，是“一国两制”的交会点，也是珠海市最繁华的城区。每年经拱北口岸进出境的海内外旅客8000多万人次，是珠海人流最旺的地区。

▶珠海机场

位于金湾区三灶，距离珠海市区和澳门约35公里，1995年12月建成。机场按照ICAO4E级标准规划设计和建设，可满足B747-400等大型客、货机起降。停机坪面积68.5万平方米，廊桥机位17个，远机位9个，候机楼面积9.16万平方米。能满足飞机年起降10万架次，旅客吞吐量1200万人次，货邮吞吐量60万吨，高峰小时起降23架次、旅客吞吐量5000人次。开通以来，营运情况良好，运行安全，是环境一流的现代化机场。两年一度的珠海航展，更扩大了珠海在世界上的影响力和知名度。

▶九洲城

位于珠海市旅游商贸及金融中心，地处石景山旅游中心与珠海宾馆之间，于1985年8月竣工，现为珠海市博物馆所在地，它以城楼、殿堂、幽廊、凉亭和水榭等传统建筑构成，古朴幽雅，气势宏伟，是集旅游购物、休闲娱乐为一体的古典式皇家园林建筑群。具有中国明清风格的集茶、戏、曲、艺、食为一体的“曲艺茶苑”，展示不同民俗风情、民族艺术，是珠海风貌的“文化广场”之一。

标志汕头特区腾跃发展的六大地标

▶“升腾”雕塑

在龙湖区政府前广场上，矗立着汕头的标志性雕塑之一——“升腾”，三根顶部镶有星星标志的金属杆错落有致，高耸挺拔，体现了汕头特区蓬勃发展、蒸蒸日上的主题。这里是1981年汕头经济特区作为中国五大经济特区之一正式起步的地方。雕塑建于1990年冬，由两个丰实的铜质半球和三个错落有致、冉冉上升的不锈钢星组成。

▶海湾大桥

位于汕头市区东南部，经妈屿岛、跨越汕头港入海处，是一座主孔航道跨径432米的大跨度悬索跨海大桥，也是我国第一座大型预应力混凝土悬索桥。该桥于1991年12月17日汕头经济特区成立10周年之际奠基，1992年3月28日正式开工，1995年12月28日建成通车，全长2500米，宽23.8米，设双向6车道，是连接深圳、珠海、汕头、厦门4个经济特区的陆地交通纽带。

▶礐石大桥

位于汕头市区西部，南起国道324广汕公路，跨越汕头港，北与国道206线连接，是继海湾大桥之后又一座连接南北城区的大型桥梁。该桥于1995年4月动工兴建，1999年2月建成通车，全长3500米，桥宽30米，双向6车道，为钢筋混凝土斜拉桥，其主桥钢绞线斜拉索和钢箱梁与PC梁混合梁的结构为我国首例，技术先进，气势磅礴。礐石大桥是细细品味汕头城市韵味的最佳观景点。

▶汕头游泳跳水馆

位于汕头市南滨路片区，是一座融合现代建筑理念和高新比赛器械的体育场馆，是汕头市为迎接全国第九届运动会而建造的比

赛场馆。游泳跳水馆在造型上以风帆取意，以中心桅杆为构图中心、屋面为主要构图要素，以轻盈流畅的多重弧线勾勒出极富变化的建筑形体，像一艘充满生机的航船正在迎风扬帆，已成为汕头特区进入新世纪的又一座标志性建筑和最具现代气派的大型的公共体育设施。

▶人民广场

位于汕头市海滨路与市政府大楼之间，面积6.3公顷，集娱乐、休闲、文化于一体。主体由露天舞台、罗马柱廊和音乐喷泉组成。主喷泉水柱高达40米，气势雄伟。由10支直径1.2米、高11米的巨型花岗岩罗马柱形成半圆状舞台，与760盏彩灯交相辉映。广场突出了潮汕特色，多层次、高品位、多功能、多景观、全敞开式地营造丰富的空间，既有田园风光，又不失城市生活情调，达到人与环境的和谐统一，把海滨城市的文化内涵演绎得淋漓尽致。

▶时代广场

1999年建成的民心工程，总面积达12万平方米，草地11万平方米。它所在的11街区是汕头经济特区城市建设及经济文化中心。作为汕头最大型的绿化广场，时代广场有“汕头大客厅”之称。

历史小故事

江泽民与汕头海湾大桥

当人们来到汕头这座美丽的海滨城市的时候，都能见到横跨海湾南北的汕头海湾大桥。而大桥上江泽民题写的“汕头海湾大桥”六个大字更是鲜艳夺目。你可知道，大桥的动工、通车两次庆典江泽民都莅临参加了。说起大桥的题名，可有一段有趣的故事呢。

那是 1991 年 12 月 17 日上午 9 时，汕头市风和景明、绿树扶疏。江泽民总书记再次莅汕了。

一列车队，从汕头外砂机场，沿着绿树掩映的 324 国道，徐徐开进汕头市区。

在车上，江泽民对一早来迎接他的汕头市委书记林兴胜诙谐地说：“老林呀，真对不起，你要的海湾大桥的题字，我昨晚已写好了几幅，并挑了一幅，但今早走得匆忙，忘带来了。”

林兴胜一听，沉吟片刻，便笑笑道：“总书记呀，没关系，没关系。”

抵达宾馆，林兴胜即陪江泽民到下榻处，只见办公桌上已摆好了文房四宝。那质地优良的宣纸铺展在桌面，格外显眼。江泽民一见，便会意地笑了笑，知道林兴胜的意思了。

林兴胜也风趣道：“总书记呀，您人来了，还怕没字么?”

“嘿嘿”，总书记笑着轻拍一下林兴胜的肩膀，“好好，我就题了!”

汕头海湾大桥，在当时是我国第一座大跨度悬索大桥，建成后将连接深圳、珠海、汕头、厦门四大经济区，是我国沿海高等级公路主干线的重要纽带。早在 1990 年 6 月江泽民视察汕头时，林兴胜已向他汇报建设汕头海湾大桥的打算，也口头央请他为大桥题名。那时江泽民欣然应诺，并说“动工时我一定题”。几个月前，林兴胜恐怕江泽民总书记太忙忘记了，便按程序由汕头市委呈上题字的申请报告……这时，林兴胜想，反正总书记来了，汕头的文房四宝也是一流的，还怕没字么?

离开江总书记的房间，片刻，总书记的秘书就找林兴胜说，字已题好了。林兴胜十分高兴，马上又来到江泽民房间，只见屋里已摆上三幅漂亮的“汕头海湾大桥”的题字。林兴胜一见，欣喜万分，连声道：“总书记，谢谢，谢谢!”

“老林，挑吧，你看哪一幅好?”

林兴胜挑了一幅，江总书记点点头。

林兴胜小心翼翼地卷起来，随即拿出门去。

14 时多，汕头海湾大桥奠基动工仪式开始了！位于汕头市东南面的海湾大桥工地阳光普照，海湾上波轻浪细，黄厝围内彩旗猎猎，鼓乐喧天。江总书记登上主礼台，揿下电钮，启动钻机……

林兴胜兴奋地致辞，他说：“汕头海湾大桥的建设，是潮汕人民包括海外乡亲梦寐以求的共同心愿。今天，江总书记和其他中央领导同志一道亲临参加开工奠基，带来党中央、国务院的亲切关怀，这是对汕头人民的极大鼓舞……我们深信，尽管海湾大桥建设地理位置险要，施工技术复杂难度大，但有上级各有关部门的重视、关心、支持、协作，大桥的建设一定能够按计划顺利完成……”

说到这儿，他让工作人员抬上一个镜框，里面已镶有还散发着翰墨芳香的“汕头海湾大桥”六个俊逸而有力的大字。他欣喜道：“这是总书记刚刚为我们大桥的题名啊!”说着，他与副市长彭启安抬着那镜框，在主礼台转了一圈，大家报以一阵热烈的掌声……

江总书记见这题字刚刚写好两三小时，林兴胜他们就这么快装裱得如此漂亮，不禁满意地称赞道：“老林，真是特区速度啊!”（王国梁）

旅游服务

交通

本路线红色景点位于深圳、珠海、汕头三个经济特区，三地交通发达，出行便利，而且各个景点都较为出名，处于显要位置，无论是驾车还是乘坐出租车、公交车前往，都很容易找到。由于景点较多，各个景点的交通信息在此不作详述，只提供三地公共交通的一些简要信息：

深圳公共汽车实行分段收费：空调车每段2元（每段平均有4站）；非空调车每段1元或1.5元；公共汽车快线每段3元；旅游观光车每段3元。地铁由从罗湖站开往世界之窗站，共有国贸、老街、大剧院、科学馆、华强路等19站，票价为2元起步，全程收费5元。往来穿梭于深圳的出租车可以送你到任何一个地方，挥手即停，起步价为12.5元。

珠海公交实行统一价格，空调公交票价2元，普通公交票价1元。为了方便游客观光，专门开辟了东、西两条旅游专线，东线能够到达国际赛车场、珍珠乐园、珠海渔女、情侣路等旅游景点，全程票价3元；西线能够到达凤凰山风景区、梅溪牌坊、白莲洞、莲花山等景点，全程2元。珠海市内有上千辆出租车穿行于大街小巷，招手即停，起步价10元，2.4元/公里。

汕头的公共汽车票价市区内的基本是1元，路途较远的为2元，跨区的分段收费。出租车的收费有几种，起步价分为三等，一级的起步价9元，二级的起步价8元，三级的起步价7元。

住宿

深圳红桂大酒店

位于罗湖区地王商业圈，与深圳火车站、罗湖口岸、地铁总站和罗湖汽车客运站仅一步之遥，周围是繁华的金融和商业区。

地址：深圳市罗湖区红桂路2068号

电话：0755—25865688

珠海华骏大酒店

地处拱北侨光西路，与澳门隔水相望，距海关联检大楼一箭之遥，拱北繁华商业区信步可达；到珠海机场仅30分钟车程，九洲客运港15分钟车程，交通便利，环境幽雅怡人有世外桃源之美誉。

地址：珠海拱北夏湾侨光西路328号

电话：0756—8118999—1861

汕头龙湖宾馆

粤东地区首家高星级涉外酒店，也是全国同行业中首家通过ISO—9002国际质量体系认证的酒店，位于汕头市中心地带，地理位置优越。

地址：汕头市大北山路2号

电话：0754—88260706—1161

餐饮

深圳、珠海、汕头三地的饮食各有特色：

深圳作为一座新兴的移民城市，汇集了全国各地的菜系。即便是世界闻名的小吃，在深圳也能品尝的到。酒家、食府遍布深圳大街小港，既有装饰豪华、服务周到、价格不菲的大酒楼，也有物美价廉的小吃店、大排挡。深圳的早晚茶也饶有特色，值得品尝。深圳拥有多条饮食街，如以华强北路、华发北路、振华路、振兴路为中心的华强饮食圈，东门美食圈，八卦路食街，南园路食街等等，每个地方都有着自己独特、拿手的菜肴。

珠海处于珠江和西江出口的咸淡水交界，水质肥沃，沿岸海湾及河口湾一带盛产蚝、虾、蟹、鱼等水产品。珠海的叠石鲜蚝，个大肉肥，肉质鲜嫩，富有多种营养；膏蟹，肉肥且滑嫩，鲜美非常；白蕉禾虫，肥白多肉，富有蛋白质，营养价值极高。在珠海品尝鲜蚝、膏蟹、海胆、狗爪螺、将军帽等水产品制成的美食，可谓价廉物美。

汕头盛行潮州菜，以烹制海鲜见长，从选料到酱碟佐料，都要求新鲜美味、清而不淡、鲜而不腥、郁而不腻。鸳鸯膏蟹、蚝烙、清汤蟹丸等是潮菜海鲜类的代表名作。潮州菜的另一特点是善于烹制素菜，粗料细做，清淡鲜美，比较有名的有护国菜、马蹄泥、厚茹芥菜、糖烧地瓜等。潮州菜的调味配酱也是一流的，不同的菜式都有专门的酱碟，咸甜酸辣，各有讲究。潮州特产的酱料有南姜、梅膏、鱼露、红豉油、三渗酱等，都很有风味，配上一些能使菜肴更加鲜香。

广东各市红色之旅

SHENZHEN

深圳红色之旅

旅游线路示意图

沈海高速公路
龙大高速公路
中国文化名人大营救纪念馆
G94
营救文化名人接待站旧址
G15
G15
G15
龙岗区
深圳宝安机场
G205
S360
中共宝安县第一次代表大会
纪念馆——素白公祠
深圳野生动物园
香港罢工工人接待站旧址——思月书院
宝安区
陈郁故居
深圳市
盐田区
罗湖区
南山区
福田区
深圳革命烈士陵园
北区
大埔区
元朗区

红色景点

提示：关于深圳市东江纵队和改革开放红色景点分别见线路七和线路八

▶陈郁故居

位于深圳市南山区南山街道南山村西巷。陈郁故居是一栋三开间砖木结构平房，前有院，四周有砖砌围墙，院内有陈郁半身铜像，室内有“陈郁生平事迹展”陈列，是一座专题性纪念馆，并被公布为深圳市文物保护单位。

陈郁是中国工人运动的先驱者之一。1925 年 8 月加入中国共产党，是省港大罢工主要领导人之一。1930 年在中共六届三中全会上当选为中央委员。1931 年在四中全会上当选为中央政治局委员。1957 年起，任中共广东省委书记、广东省省长。1966 年任中共中央中南局第三书记。1968 年任广东省革委会副主任。1974 年 3 月 21 日，病逝于广州。

▶香港罢工工人接待站旧址——思月书院

位于深圳市罗湖区东门老街南庆街 22 号。

1925 年 6 月 19 日，震惊中外的省港大罢工爆发。凌晨，香港电车工人分别乘火车或步行到深圳。中华全国总工会在深圳思月书院设立香港罢工工人接待站，接待从香港过来的工人，然后分批乘火车回广州等地，为罢工斗争作出重要贡献。

思月书院建于清代，原为张氏族人的宗祠，为三开间二进深的土木平方建筑。新中国成立前后，思月书院曾改为“中和旅店”。1952 年土地改革后收为

公产房。1996 年因东门老街改造需要而被拆除。1999 年重建于东门老街广场，大门改为朝北向。

▶中共宝安县第一次代表大会纪念馆——素白公祠

位于深圳市宝安区松岗街道燕川社区。

1928 年 2 月 23 日，中共宝安县委在此召开了第一次全县党员代表大会，总结了“四·一二”事变后宝安党组织在领导农民暴动，为配合广州起义而攻打深圳、南头等方面的经验教训，决定重新整顿各级党组织，进一步发展党员，加强宣传工作，进行土地革命，开展抗租、抗捐、抗税斗争。大会选举产生了中共宝安县第三届委员会。这次大会对于后来宝安地区的武装斗争和土地革命起了重要的指导作用。

素白公祠于 1999 年被深圳市宝安区人民政府公布为第一批区级文物保护单位，同年实施修复。2000 年正式设立纪念馆并对外开放。展厅基本陈列为“宝安革命风云录”，展现了 1924—1928 年中国共产党在宝安县领导人民开展革命斗争的历史。

▶营救文化名人接待站旧址

位于深圳市宝安区龙华街道白石龙村内。

1941 年 12 月 25 日，香港沦陷，大批国内的著名文化人士和爱国民主人士被困香港。八路军驻香港办事处廖承志接到中共中央南方局书记周恩来的电示后，立即开展营救工作。在广东人民抗日游击队和香港地下党组织的相互配合下，武工队员、交通员和接待员经过 6 个多月的紧张斗争，将茅盾、邹韬奋等一大批文化人士，经九龙、元朗，越过日军封锁线，从落马洲经赤尾、梅林，安全撤到宝安羊台山根据地，并在白石龙村广东人民抗日游击队总部、天主教堂以及樟坑村等处作短暂停留、休息后，安全护送到解放区。

营救文化名人接待站旧址中，除白石龙天主教堂尚保存完好外，余皆残毁或无存。该建筑原为晚清住宅，三开间两进布局，土木结构。1927 年改为天主教堂，门额匾书“天主堂”，内部用砖拱结构代替传统的木构梁架。2005 年宝安区委、区政府拨专款进行修缮。

▶中国文化名人大营救纪念馆

位于深圳市宝安区龙华街道白石龙村内。

2005年9月2日，在纪念抗日战争胜利60周年之际，中国文化名人大营救纪念馆正式开馆，前国务院副总理、人大常委会副委员长邹家华亲笔题写了馆名。同时在纪念馆内举办了“中国文化名人大营救陈列展”。

▶深圳革命烈士陵园

位于深圳市福田区北环大道婆岭。1988年被广东省列为省级重点烈士纪念建筑物保护单位。1995年被深圳市委命名为深圳市第一批爱国主义教育基地。

1983 年 8 月，经深圳市人民政府批准，将坐落在蔡屋围人民广场的宝安县革命烈士纪念碑迁建于现址，并更名为深圳革命烈士纪念碑。园内的革命烈士芳名亭内大石碑刻有 1039 名烈士的姓名。1996 年经中央批准，原东江纵队司令员曾生的骨灰安放在烈士陵园东侧并修建墓碑。

（摄影：毛剑峰）

特色景点

世界之窗

位于深圳市南山区华侨城，是以弘扬世界文化为宗旨，把世界奇观、历史遗迹、古今名胜、民间歌舞表演融为一体的人造主题公园。公园中的各个景点，都按不同比例自由仿建，精巧别致，维妙维肖，成为一首首凝固的交响诗，那些异彩纷呈的民俗表演则是一幅幅活泼生动的风情画。

东部华侨城

位于深圳市盐田区大梅沙，是国内首个集休闲度假、观光旅游、户外运动、科普教育、生态探险等主题于一体的大型综合性国家生态旅游示范区。

大鹏所城

位于深圳市龙岗区大鹏街道鹏城社区，是明清两代中国南部的海防军事要塞，有着600多年抵御外侮的历史，涌现了赖思爵、刘起龙、刘黑仔等一批杰出的民族英雄。深圳今又名“鹏城”即源于此。现为广东省重点文物保护单位和爱国主义教育基地。

中信明思克航母世界

位于深圳市沙头角海滨，毗邻闻名遐迩的中英街，是目前中国乃至世界上第一座以航空母舰为主体的军事主题公园，集旅游观光、科普教育、国防教育于一体，被授予“全国科普教育基地”及“广东军事科普教育基地”等荣誉称号。

大小梅沙

位于深圳东部盐田区风景秀丽的大鹏湾之滨。这里拥有深圳最长的海滩，海水清澈，沙滩广阔，沙质细软，是现代都市中不可多得的海边休闲之地，也是深圳八景之“梅沙踏浪”的主要组成部分，素有“东方夏威夷”之美誉。

东门老街

位于深圳市罗湖区中心地段，经过了数百年的商贾集市，数百年的文化历史积淀，特别是改革开放、深圳经济特区的建立，东门老街已成为万商云集、车水马龙的商业旺区。数以万计的商铺密布其间，各色各样的建筑毗肩林立，日客流量达30万人以上。

旅游服务

交通

航空

深圳宝安国际机场距离深圳市区 32 公里，坐机场巴士比较方便实惠。

30 路大巴从华联售票中心到深圳机场。首班时间：6:30，末班时间：20:00，票价 20 元

中国国际航空公司深圳营业部

电话：0755—83241441

中国南方航空（集团）深圳公司售票处

电话：0755—27504208/26666447

中国北方航空公司天池售票处

电话：0755—25568583

中国西南航空公司深圳营业部

电话：0755—83261488

深圳航空公司售票

电话：0755—99777

铁路

深圳是连接内地与香港的枢纽。京九、京广（广九）两条铁路干线穿城而过。广州至深圳的列车是 20 分钟一班，票价 70 多元，1 个多小时就到达罗湖，极其方便（广州方面在火车东站上车）。有机会要试一试全国首列从瑞典引进的“新时速”高速摇摆列车。

公路

深圳有着发达的公路网络，通往大东南区内许多主要城市。豪华直通专线更是应用广泛，舒适度和速度都有很大提升，不过价钱也相对较贵。

区内交通

深圳市区内的代步工具主要是公交车和出租车。公交车大部分是 2 元的空调巴士，有正规站点。另一种是上车 3 元的中巴，实行全程统一价，招手即停，也比较干净。乘出租车较贵，起步价 12.5 元。若闲来无事，也可租辆自行车到处逛逛。深圳市福田区燕南路 2 号是家自行车俱乐部，你只需提供身份证和两张照片、押金 500 元，即可租一辆自行车漫游深圳，租金为 4 元 / 天。

住宿

深圳的住宿消费在珠江三角洲地区是比较贵的。市面上二星级、三星级的酒店大多是 250—400 元的价位，淡季可以打折。市中心区有不少招待所旅店，价格在 150 元左右。

海景酒店

三星级，性价比较好。位于华侨城的中心区域，到华侨城的多个主题公园非常方便。

地址：深圳南山区华侨城光侨街 3—5 号

电话：0755—26602222

检察院招待所

从这里到东门购物、去地王大厦或者前往深南路乘车去华侨城都较为方便。

地址：深圳市桂园路 14 号

电话：0755—25564141

罗湖宾馆

二星级，附近有很多茶楼，饮食方便，离东门购物街也很近。

地址：深圳市湖贝路 3 号

电话：0755—82224068

深圳欢乐谷国际青年旅舍

地址：深圳市南山区华侨城欢乐谷内

电话：0755—6949443/6949445

餐饮

深圳餐馆林立，每条街都有不少让你解馋的地方。西武百货旁的向西村是吃鸡煲的首选，简直是飘香十里；吃海鲜，就要去盐田食街，论便宜论新鲜，以这里为“最”。还有多条食街也不容错过，如南园食街，主营新疆食品和韩国烧烤；还有岗厦一条街内的岗厦大排档，汇集 100 多家小店。难怪深圳人自豪地说在这里只有想不到的，没有吃不到的。

酒吧

深圳的酒吧不同于北京和上海的酒吧。北京的酒吧密集、平实但又喧闹，是侃大山的好地方；上海的酒吧洋气、精致又温和，是小资的温床；而深圳的酒吧，就真的只是酒吧，它如实反映着人们生活的点点滴滴，顾客来此没有什么特别的要求，一杯酒、一首歌，足矣，简单而平凡。

老窦酒吧

这个酒吧很有意思，整体一分为二，一边是动感吧，主要是歌舞表演，周末这里会举办面具舞会，很有新意；酒吧的另一边是红酒吧，很多文化聚会在这里举办。一动一静，配合得天衣无缝，在区内很出名，收费中等。

地址：深圳市深南中路 3027 号嘉汇新城裙楼五楼北区

电话：0755—83283715/83299310

简约酒吧

一间大大的椭圆形玻璃屋，是多少人的 DREAMHOUSE。无论是窗外的人向里面看，还是里面的人向外看，都有一种清凉的透彻感。不过，外面的人更多的是羡慕和被吸引。在酒吧内看夜幕的降临，看远处的万家灯火，有种不真实的感觉。

地址：深圳市南山区南山大道长青园

电话：0755—26640222/26572776

ZHUHAI

珠海红色之旅

旅游线路示意图

望夫石
巫洲
苏兆征故居
G4W
S111
南芒角
淇澳大桥
S111
S268
北京理工大学珠海学院
北京师范大学珠海分校
中山大学珠海校区
唐淇路
桂山舰烈士陵园
S111
情侣北路
G105
解放万山群岛登陆点
珠海市行政学院
珠海烈士陵园
林伟民纪念像
香山公园
香洲区
杨匏安纪念铜像
景山公园
海滨公园
G105

红色景点

提示：关于珠海市改革开放红色景点见线路八

▶苏兆征故居

位于珠海市香洲区唐家镇淇澳村。

苏兆征（1885—1929），广东香山淇澳村（今属珠海市）人，中国工人运动的伟大先驱，早年加入孙中山同盟会，领导过 1922 年的香港海员大罢工和 1925 年的省港大罢工。1925 年加入中国共产党，曾任中华全国总工会执行委员、委员长，武汉国民政府劳工部部长，中共中央政治局委员，中共中央临时政治局常委等职。1929 年积劳成疾，病逝于上海。

苏兆征故居原是其祖父所建的砖瓦平房，三墙两屋。1979年被列为广东省文物保护单位后，省文化厅和唐家镇政府共同出资对坍塌的故居进行原貌修复。1985年，珠海市人民政府举行纪念苏兆征诞辰100周年活动，出资修缮故居，设置“苏兆征同志生平事迹展览”，同时在香洲区海霞新村建立苏兆征铜像。

▶林伟民纪念像

位于珠海市香洲区沿河路。

林伟民（1887—1927），广东香山三灶岛（今属珠海市）人，中国早期工人运动领袖。1921年和苏兆征等组织中华海员工业联合总会，当选为第一届干事。1922年领导香港海员大罢工。1924年加入中国共产党。1925年5月当选为第一届中华全国总工会执行委员会委员长。同年6月参与领导省港大罢工。1926年，当选为全国海员工会执委会委员、第二届中华全国总工会执行委员会常务委员。1927年9月1日在广州病逝。

1987 年 11 月，珠海市为纪念林伟民诞辰 100 周年，隆重举行林伟民同志诞辰 100 周年纪念大会暨塑像落成典礼。

▶杨匏安纪念铜像

位于珠海市香洲区海滨北路。

杨匏安（1896—1931），广东香山南屏（今属珠海市）人，华南最早的马克思主义传播者。1921 年加入中国共产党。1925 年参加组织发动省港大罢工。曾任广东社会主义青年团代理区团委书记，国民党中央组织部秘书，国民党广东省党部常务委员兼组织部部长，国民党第二届中央执行委员、常务委员，中共广东区委监察委员，中共中央监察委员，中共中央农民部副部长等职。1931 年 7 月于上海被捕，英勇就义。著有《杨匏安文集》。

1986 年 11 月，珠海市为纪念杨匏安诞辰 90 周年，隆重举行杨匏安同志诞辰 90 周年纪念大会暨塑像落成典礼。

▶珠海烈士陵园

位于珠海市香洲区狮山东部的凤凰中路。

1924 年 9 月，叶剑英任建国粤军第二师参谋长，到香洲建立新编团，培训大批革命骨干。1925 年 4 月，国民党右派和土豪劣绅勾结，乘革命军东征，煽动兵变，杀害干部 27 人。事件发生后，叶剑英即赶回香洲平叛，重新整顿新编团。为了永远纪念殉难烈士，新编团和香洲群众捐资建造狮山烈士墓，立纪念碑，记载了“香洲兵变”的经过、烈士名录。

1956 年珠海县人民委员会拨款将烈士墓改建为烈士陵园，叶剑英为陵园门楼题写“香洲烈士墓”。1979 年珠海市革命委员会将其改建为“珠海烈士陵园”，叶剑英为门楼题写横额。1980—1981 年叶剑英先后两次到珠海烈士陵园凭吊英烈。1984 年被珠海市人民政府颁布为市级重点文物保护单位。

▶解放万山群岛登陆点

位于珠海市香洲区桂山岛吊藤湾。

1950 年 5 月 25 日凌晨，解放万山群岛战役打响，中国人民解放军“桂山号”等舰冲进垃圾尾敌舰锚地，与国民党军第二舰队、万山巡防舰队 30 余艘舰近战一昼夜，“桂山号”被敌击毁，舰长郭庆隆果断决定带领指战员在吊藤湾强行登陆，继续与敌激战，直至英勇牺牲。

1954 年 2 月，为纪念“桂山号”烈士们，珠海县人民委员会在其登陆战斗处的石壁上镌刻“桂山号英雄登陆点”，同时将垃圾尾岛改名为“桂山岛”。1963 年在附近山坡上建立桂山舰烈士

纪念碑，供后人缅怀和瞻仰。1986年，解放万山群岛登陆点被珠海市人民政府定为市级重点文物保护单位。

▶桂山舰烈士陵园

位于珠海市香洲区桂山岛桂山港半山上。

桂山舰烈士陵园建于1980年，园内有纪念碑、烈士墓和纪念亭，占地面积1800多平方米。烈士墓内安葬着从吊藤湾迁来的桂山舰烈士遗骸、衣物、武器等。“桂山舰烈士纪念碑”和“烈士墓”的题字由原广东省副省长林锵云书写。在纪念亭内镶嵌着原南海舰队副司令员曹志友撰文《血战垃圾尾》的瓷砖，此文记述了我人民解放军解放万山群岛的过程及“桂山舰”200多名指战员英勇歼敌的过程。

特色景点

三叠泉

位于珠海市横琴岛中心沟，因泉水随山势叠成三个景观独特的段落——大狭瀑、飞凌瀑、隐灵瀑而得名。这里山体雄峻，奇石突兀，水脉富集，清莹甘洌，于石床岩隙间形成涧、溪、瀑、潭，水景变幻无穷，映带边岸，独具风韵。泉水下注成湖，石砌湖底，围湖遍植翠竹，间有山花丹绯欲燃，景致令人沉醉。

农科奇观

位于珠海市上冲梅溪路珠海农科中心，是一个以展示高科技农业为主题，集农业科研生产、旅游观光、科普教育、学生旅馆于一体的大型绿色生态旅游景区。建有大型观光及旅游景点10多处。其无可替代的独特景观，吸引了国内外大批游客，先后有110多个国家和地区的政要前来参观。

鳄鱼岛

位于珠海市斗门区白藤湖，是一座旅游休闲度假与鳄鱼生态养殖相结合的主题公园，饲养了泰国湾鳄、马来鳄、扬子鳄和杂交鳄等近百条。鳄鱼是一种凶猛的冷血动物，这些在自然界人们唯恐躲避不及的“冷血杀手”，在这里不仅成为观赏的“宠物”，更成了与人共舞的“明星”。

圆明新园

位于珠海市九洲大道石林山下，是依照北京圆明园的主要建筑图本，按1：1的比例仿建重现的万园之园景观。园区建筑组群有正大光明殿等皇家宫殿模式、曲院风荷等江南园林模式、大水法等西洋楼群模式。520多亩的福海湖位居中心，晚间有大型全景式舞蹈史诗《大清王朝》、电影实景水战表演《大清海战》上演。

石景山观光索道

位于珠海市海滨北路景山公园，下临香炉湾，上达石景山顶，牵山引海，视野极为广阔，不仅可观赏珠海和澳门城市风光，天气晴朗时，香港及万山群岛景象依稀可见。在山顶观景台有海鹏雕像及许愿石等景物。

梅溪牌坊

陈芳是中国首个华侨百万富翁，是中国驻夏威夷的首任领事，还是夏威夷枢密院的顾问。百余年后的今天，他的故居家宅和光绪皇帝赐建其家族的石牌坊，被列入全国重点文物保护单位。梅溪牌坊旅游区是集名人纪念、民俗博物、文物保护为一体的旅游度假胜地。

旅游服务

交通

航空

珠海机场位于三灶岛上，紧邻航天会展中心，交通便利。到珠海机场可乘坐207路公交车，票价7元；在拱北有机场专线巴士，票价20元；乘出租车大概需80—100元。珠海机场咨询电话：0756—7771580

公路

乘坐豪华大巴进出珠海很方便。在广州、深圳，每半小时就有一班大巴穿梭其间，全程大概3小时，票价50—70元。

拱北汽车客运站

拱北汽车客运站是珠海最主要的客运站，离拱北海关很近，由此过关到澳门约需10分钟。

地址：珠海市拱北莲花路1号（永福酒店旁）

电话：0756—8888554

水路

相比位于腹地的城市，在珠海，坐船是很好的选择。从深圳蛇口坐快翼船到珠海九洲港只要1个小时，票价80元；九洲港码头有直通香港的快船；香洲码头有澳门环岛游专航（全程1.5小时，票价30元），还有到各大岛屿的航班。

九洲港码头地址：珠海市情侣南路北岸

广珠城轨

广州南至珠海北线路全长93公里，最高票价44元，普通票价36元。从广州南站出发，最短41分钟到达珠海北，28分钟到达中山北，45分钟即可到达江门。珠海、中山、江门将全面融入“珠三角一小时经济圈”。根据广珠城轨的运行时刻表，从珠海北站始发的18列列车中，最早发车时间为7:45，最晚一列为21:30分。广州南站发往珠海的列车同样是每天18列，其中最早一列6:30分发车，最晚一列为20:15分发车。

区内交通

珠海空调大巴公交车票价统一为2元，出租车起步价10元，由于规范良好，很少有欺诈行为，可放心乘坐。还可乘坐拱北岐关的观光巴士漫游珠海。如果你想和渔民一起出海捕鱼，享受渔获满仓的畅快，可以租渔船出海。这是由渔民和旅行社合办的新旅游形式，为自助旅行人士提供服务。

乘船地点：湾仔好讲旅行社环岛游码头

电话：0756—8835163。

住宿

来到海滨城市，当然要尽量找一些能看海景的住处。但通常能看海景的路段住宿都比较贵，也有一些性价比很好的值得推荐。

海苑宾馆

二星级，隔一条街就是香炉湾情侣路，在香洲的中心地带，环境不错，有面海的房间。

地址：珠海市凤凰南路 1126 号

电话：0756—2228000

度假村青年旅馆

设在五星级的珠海度假村内，还有专车接送。这里离九洲港很近，不过离拱北和香洲有几站车的路程。

地址：珠海市吉大石花东路 9 号

电话：8008308000（免费预定）

航空招待所

这里比较安全，环境安静，离海滨公园和九洲港都不远。

地址：珠海市海滨南路 52 号

电话：0756—3339364/3339310

羊城晚报招待所

地处繁华路段，在海滨公园附近。硬件比较好，隐于闹市，比较安静。

地址：珠海市吉大路 57 号

电话：0756—3336100

餐饮

“住海边，玩海面，吃海鲜”是到珠海不可错过的节目，而吃海鲜更是重头戏。珠海的膏蟹、斗门河虾、白蕉禾虫、南屏脆肉鲩都是绝好的招牌菜，且胜在不拘一格，上至酒楼，下至街头大排档，都风味十足。一边吹着海风，一边喝啤酒吃海鲜，畅快淋漓，所以很多大排档经常爆满。现在这里形成了几条有名的食街，如拱北迎宾北路沿线、香洲沿河路至唐家湾、九洲港路段、新香洲怡华街四条食街，都是叫座又叫好的。前两个主打生猛海鲜，后两个则是南北风味大汇合，特色小炒更为出色，深受当地人喜爱。

SHANTOU

汕头红色之旅

旅游线路示意图

揭东县
G206
S234
G15
G324
S233
潮安县
S231
澄海区
赤屿
汕头大学
汕头市业余大学
龙湖区
南澳烈士纪念碑
南澳岛
国民革命军东征军总指挥部政治部旧址
汕头市革命烈士陵园
广东东江各属行政委员公署旧址
汕头职业技术学院
S337
濠江区
大南山革命根据地
潮阳区
潮南区
S237

红色景点

提示：关于汕头市南昌起义军挺进粤东和改革开放红色景点分别见线路五和线路八

▶国民革命军东征军总指挥部政治部旧址

位于汕头市区外马路 207 号大院内。

1924 年 11 月，广东军阀陈炯明妄图推翻广东国民政府。广东国民政府先后进行二次东征。1925 年 9 月 27 日，国民政府举行第二次东征。东征军于 11 月 4 日入汕，将总指挥部、政治部设于此。东征军总指挥蒋介石、苏联军事顾问加伦将军在西楼办公，总政治部主任周恩来在东楼办公。当时，东征军总指挥部、政治部兼管潮、梅、惠地区的一切行政工作。周恩来在这里领导潮梅地区的革命运动，为推动粤东地区革命事业的发展作出贡献。

旧址建于 1924 年，是两座相同的砖混结构二层楼房，分东西二楼。1996 年 5 月，汕头市政府决定在此设立汕头市东征军革命史迹陈列馆，分 8 个展室布展，通过文献、照片、实物等 5 个部分的资料展现第一次国共合作时期，广东国民政府两次东征的革命历史。

▶广东东江各属行政委员公署旧址

位于汕头市外马路103号。

1925年11月21日，中华民国国民政府任命周恩来为广东东江各属行政委员会专员，设署汕头市，管辖惠州、潮汕、梅州三个地区及下属县（市），成为中国历史上第一个由共产党人主持的国共合作的地方政权。1926年2月22日至3月3日，周恩来在广东东江各属行政委员公署主持召开广东东江各属行政会议，通过了发展东江经济、民政、商务、教育、妇女、农工、财政等议案93项。

旧址始建于清光绪十四年（1888），是一处三进加后院砖木结构建筑。1901年台湾爱国志士丘逢甲在此设立岭东同文学堂，后改为岭东甲种商业学校。

1925 年 11 月至 1926 年 3 月，广东东江各属行政委员公署在这里设署。现为汕头市外马路第三小学校址。

▶汕头市革命烈士陵园

位于汕头市濠江区礐石风景区破船鞍山。陵园背山面海，山峦环抱，每逢清明节前后，广大青少年都会来到这里举行扫墓活动。

陵园占地面积 150 余亩，内安放着大革命时期、土地革命时期和抗日战争时期牺牲的杨石魂、陈国威、陈振韬、吴文兰、周勤汉等 68 位烈士的骨灰盒。墓碑上刻有周恩来的题词："人民革命的烈士们永垂不朽"。陵园周围还分散安葬有李梨英、曾应之、吕书琴等 6 位革命烈士的遗骸。

▶大南山革命根据地

位于汕头市潮南区红场镇一带。

大南山革命根据地是第二次国内革命战争时期中共东江革命根据地的重要组成部分。在中共广东省委和东江特委的领导下，大南山革命根据地积极创立和发展共产党的组织，壮大人民武装队伍，用革命武装反抗国民党的反动统治，积极拓展革命根据地，开展土地革命，创建苏维埃政权。从 1927 年至 1935 年，大南山根据地成为中央革命根据地南方外围屏障的前哨。抗日战争和解放战争时期，中共潮汕党组织再度进驻大南山，建立抗日游击根据地，为抗击日本侵略者及解放潮汕作出贡献。

在大南山革命根据地现存的革命旧址中，红场、红宫、大南山石刻革命标语被列为省级保护单位，红场革命烈士纪念碑被定为省级重点保护纪念碑，同时与大南山革命历史纪念馆被汕头市政府定为爱国主义教育基地。另还有英雄石洞、红军医院、闽粤赣三省边区第一次党代会旧址、潮普惠县苏维埃政府办公旧址、叠石村东江特委办公旧址等多处革命旧址。

▶南澳烈士纪念碑

位于南澳县后江湾畔烈士陵园内。

1950 年 2 月 23 日下午，中国人民解放军第四野战军一二一师三六二团、三六三团和师山炮营以及民工总共 3000 多名兵力开始解放南澳战斗，至午夜登陆成功，南澳得以解放。

碑座正面刻“革命烈士永垂不朽”八个字，背面刻有 1950 年至 1957 年因参加解放南澳、建设南澳而牺牲的烈士英名。1981 年 9 月，南澳县人民政府公布其为县级文物保护单位。

特色景点

礐石风景名胜区

位于汕头港南面，与北市区隔海相望，国家 4A 级旅游区，由啸石、塔山、焰峰、香炉山、笔架山、苏安等六个小景区组成。海阔、山绿、洞奇、石怪为景观特色。由花岗岩自然垒叠而成的垂虹洞，长达 1200 米，被誉为“全国第一花岗岩奇洞”。

南澳生态旅游区

南澳岛位于闽、粤、台三省海面交叉点，距汕头市区 11.8 海里，是广东省唯一的海岛县，陆地面积 130.90 平方公里，海域面积 4600 平方公里。蓝天、碧海、绿岛、金沙、白浪是南澳生态旅游的主色调，素有“粤东海上明珠”的美誉。

陈慈黉故居

陈慈黉（1843—1921），与族人集资创设陈生利行（后改名为陈元利行）于新加坡，联泰国、新加坡、香港、汕头经营于一环，61 岁回乡，捐资修桥建路倡建新村，创办成德学校，受到家乡人们的敬仰。

其故居位于汕头市澄海区隆都镇前美村，始建于清朝宣统二年（1910），占地 2.54 万平方米，共有厅房 506 间，被誉为“岭南第一侨宅”。建筑风格中西合璧，总格局以传统的“驷马拖车”糅合西式洋楼，点缀亭台楼阁，通廊天桥。计有郎中第、寿康里、善居室、三庐等宅第。

莲花峰风景区

位于汕头市潮阳区东南 11 公里处，面积 1.14 平方公里。公元 1278 年，南宋文天祥举兵勤王，登峰寻望帝舟，遂命名并刻石为“莲花峰”。自宋代起，莲花峰便成为历代文人墨客凭吊前贤的芳迹。区内有摩崖石刻、望夫石、天然浴场等景点。

青云岩风景区

位于汕头市濠江区东南的大瞭望山，那里林木茂密，山径幽深，岩洞奇特，泉水淙淙，风景清静优美，摩崖题刻琳琅满目，庙宇寺观建在云岩之间，历来有“海国风光第一山”的美称。

中信高尔夫海滨度假村

位于汕头市濠江区河浦大道中段斧头山北麓。这里环境幽雅，空气清新，负离子含量高，有龙虎滩、妈祖石雕像、中信度假别墅区、度假村酒店、民俗风情区和中信高尔夫球场等特色景点和休闲场所，是汕头地区休闲度假的好去处。

旅游服务

交通

航空

汕头外砂机场位于汕头市区东北方向13公里处。机场开设有至北京、上海、广州、武汉、长沙等地的多条航线，能够抵达国内各大、中城市，同时还开设有至曼谷的国际航班，方便快捷。

在汕头机场，打车去市区，一般30元左右，如果坐机场中巴到市中心，每位10元。

咨询电话：0754—85799424

铁路

广梅汕铁路的重点就是汕头，同时北与京九铁路干线在龙川交会，与全国铁路相连通，连接了汕头，辐射到全国，十分便利。

汕头火车站位于汕头市区东端，是广梅汕铁路的重要枢纽。公交2路、4路、6路、8路、11路、12路的终点站都在火车站前的广场上。

火车站专门开设有汕头至广州的多趟快速列车，拉近了汕头与广州、深圳的距离，同时也方便了人们出行。

汕头火车站咨询电话：0754—6338814

公路

国道324、206线穿过汕头境内，通向全国；深汕高速公路与汕汾高速公路将汕头、深圳和厦门三个经济特区连接起来；汕梅高速公路沟通汕头与梅州、赣南地区。还有汕普（汕头至普宁）高速公路等一系列高等级公路。市内有以下长途汽车客运站：

市汽车客运总站，位于汕头市潮汕路7号，主要运营汕头周边城市以及广西、江西、湖南等省外城市的长途汽车。电话：0754—8222705。汽车总站专门开设有至广州与深圳的高速专线：汕头——广州（高速直达，约5小时30分），发车时间由早上7点35分至凌晨1点，每隔1小时一班；汕头——深圳发车时间由早上6点10分至晚上9点，每隔半小时一班。

南翔汽车客运站

地址：汕头市潮汕路19号

咨询电话：0754—8224943

中旅汽车客运站

地址：汕头市汕樟路41号（主要是发往省内城市以及福建的长途汽车）

咨询电话：0754—8629888转31245

东厦汽车客运站

地址：位于汕头市东厦路70号

咨询电话：0754—8626130

市金砂东客运站

地址：汕头市金砂东路环碧庄（主要是发往省内各大城市的长途汽车）

咨询电话：0754—8265854

水运

汕头临水，渡轮便利，乘坐水运交通工具也不失为一种省时省力的出行方式。汕头市水运码头较多，有汕头客运站轮渡码头、汕头港客运站、西堤客运站轮渡码头、广场轮渡站、长山尾码头等等，均开设有短途轮渡。

此外，在广场轮渡站的西侧游艇码头还专门开展夏季每夜两场的游览活动。第一场：海湾晚餐游（开船时间：18:40 分），第二场：海湾夜游(开船时间：21:10 分)。凉凉夏夜，泛舟而游，无限惬意。市内乘坐 9、12、16、17、19 等路公交车均可抵达码头。

广场轮渡电话：0754—8566445

市内交通

汕头的公共汽车票价市区内的基本是 1 元 / 人，路途较远的 2 元 / 人，跨区的分段收费。

出租车的收费有几种，起步价分为三等，一级的起步价 9 元，二级的起步价 8 元，三级的起步价 7 元。从市区打车去南澳岛渡轮码头一般在 40 元左右。

住宿

龙湖宾馆

粤东地区首家高星级涉外酒店，也是全国同行业中首家通过 ISO9002 国际质量体系认证的酒店，位于汕头市中心地带，地理位置优越。

地址：汕头市大北山路 2 号

电话：0754—88260706—1161

华侨大厦

一家多功能的三星级涉外旅游宾馆，拥有设备齐全、安逸整洁的各类客房，设有情致独特的美食广场，经营名式潮粤风味佳肴。

地址：汕头市汕樟路 41 号

电话：0754—88911208

餐饮

汕头所在的潮汕地区盛行潮州菜，它是广东三大菜系之一（其余两种为粤菜和客家菜）。潮州菜以烹制海鲜见长，从选料到酱碟佐料，都要求新鲜美味、清而不淡、鲜而不腥、郁而不腻。鸳鸯膏蟹、蚝烙、清汤蟹丸等是潮菜海鲜类的代表名作。潮州菜的另一特点是善于烹制素菜，粗料细做，清淡鲜美，比较有名的有护国菜、马蹄泥、厚茹芥菜、糖烧地瓜等。潮州菜的调味配酱也是一流的，不同的菜式都有专门的酱碟，咸甜酸辣，各有讲究。潮州特产的酱料有南姜、梅膏、鱼露、红豉油、三渗酱等，都很有风味，配上一些，能使菜肴更加鲜香。

FOSHAN

佛山红色之旅

旅游线路示意图

邓培故居
粤中纵队纪念馆
"三谭"革命事迹展览馆
铁军故居
铁军公园
佛山科技学院
大沥革命烈士纪念碑
西海抗日烈士陵园
增滘立交桥
南港立
佛山二环
佛山一环
佛山大道南
G80
G321
G325
S113
S267
S15

红色景点

铁军故居

位于佛山市禅城区福宁路善庆坊6号。

陈铁军（1904—1928），佛山市禅城区人。少时受五四运动的影响，先后到广州坤维女子中学、广东大学就读，投身反帝反封建的国民革命运动。1926年加入中国共产党。1928年初奉命与周文雍返广州重建广州市委地下机关。同年2月2日因叛徒告密被国民党反动派逮捕，受尽酷刑，宁死不屈，同月6日与周文雍在监狱铁窗前合影并宣布结婚，英勇就义于广州红花岗，年仅24岁。

铁军故居是陈铁军青少年时居住和活动过的地方，为清代民居建筑，为二进院落四合院式布局。现尚保存陈铁军住过的卧室和使用过的红木家具以及文房用具、印章、亲手刺绣的丝巾等。1998年被佛山市政府列为文物保护单位。

▶铁军公园

位于佛山市禅城区汾江西路、江湾立交桥畔。

铁军公园建于1991年，设计新颖，环境优美，园内设有陈铁军烈士事迹陈列室，室内迎面是一尊陈铁军烈士的石膏半身像，中间陈列着陈铁军生前用过的实物，四周墙面挂有介绍烈士事迹的展览。展览运用照片、剪报、图画、实物和文字说明，全面真实地介绍了陈铁军烈士一生追求真理、奋斗不止的一生。1994年12月，铁军公园被佛山市委、市政府确立为首批爱国主义教育基地。

▶“三谭”革命事迹展览馆

位于佛山市高明区明城镇文昌塔侧，为缅怀中国革命史上杰出人物、著名民主革命家谭平山、谭植棠和谭天度而建。

谭平山、谭植棠、谭天度，佛山市高明区明城镇人，是中国近现代革命史上杰出的人物，被世人誉为“革命的三谭”。“三谭”是早年接受和传播马克思列宁主义的革命志士，是中国共产党创建时期最早的一批党员，是中共广东党组织

的创建者、领导者和参与者。新中国成立后，“三谭”亦全力为祖国的富强作出了积极的贡献。

展览馆于 1998 年 7 月 1 日建成对外开放，是佛山市爱国主义教育基地。展馆为两层仿古建筑，首层正中央摆放谭平山、谭植棠、谭天度 1.2 米高半身玻璃钢雕塑像，左边是接待室，右边则展挂国家、省领导人以及史学界名人题词；二层展出“三谭”文物、100 多张珍贵历史图片、文字资料和研究书刊。

▶粤中纵队纪念馆

位于佛山市高明区更合镇合水圩。

中国人民解放军粤中纵队成立于 1949 年 8 月 1 日，司令员吴有恒、政委冯燊。其前身是抗日战争时期战斗在粤中地区的广东人民抗日解放军。解放战争时期，这支部队为粤中地区的解放事业作出了重大贡献。

粤中纵队纪念馆建筑面积约 1033 平方米，为两层混凝土框架结构，首层分别设有序幕厅、展厅和投影厅，二层为史迹陈列厅。

▶大沥革命烈士纪念碑

位于佛山市南海区大沥镇大沥公园内。

1927 年 12 月 12 日，为配合广州起义，中共南海县委书记陈道周率领南海农民赤卫军第一团 200 余人攻占了大沥圩。13 日下午，赤卫军遭到反动民团武装 2000 余人包围袭击。赤卫军虽浴血奋战，但终因寡不敌众，至 14 日，除少部分人突围外，大部分赤卫军指战员壮烈牺牲，在南海地方革命斗争史上写下极为悲壮的一页。

1958 年 8 月，南海县人民政府建立了碑高 9 米、平台长为 4.5 米的大沥革命烈士纪念碑，碑文由原广东省副省长林锵云题写。在纪念碑旁还建立了一座革命文物陈列馆，系统介绍了革命战争时期南海人民光荣的革命斗争历史。

▶西海抗日烈士陵园

位于佛山市顺德区北滘镇西海村烈士路。

抗战时期的西海，是珠江三角洲的抗日基地之一，广游二支队以此为基地进行了 30 多次的军事行动，取得了西海大捷等 3 次重创日伪军的胜利，成为珠江三角洲抗日的一面旗帜。这面旗帜是烈士的鲜血染成的，在整个抗战时期，付出了生命的中共顺德抗日武装战士，能知道姓名的就有 105 位。

为纪念在西海大战以及在

抗战时期在顺德牺牲的烈士，1952 年顺德县人民政府在广游二支队当年活动所在地的西海建立抗日烈士陵园。目前陵园内主要纪念建筑物有纪念碑、烈士墓、革命文物陈列馆等。1982 年被列为广东省文物重点保护单位。

▶邓培故居

位于佛山市三水区西南街道石湖洲村。

邓培（1883—1927），中国共产党创建时期的党员，中国早期工人运动领袖和著名革命活动家。曾任中国共产党第三届、第四届中央执行委员会候补委员，中华全国总工会副执行委员长，并兼任全国铁路总工会广东办事处主任，领导铁路工人和支援北伐战争。1922 年 1 月，邓培出席在莫斯科召开的远东各国共产党及民族革命团体第一次代表大会，受到革命导师列宁的接见。1927 年在广州被国民党反动派杀害。邓培牺牲不久，中共中央在致第四次全国劳动大会的信中写道“……邓培……同志在广州之死难……其惨烈当为中国工人阶级及本党永远不忘之事。”

故居建于 19 世纪末期，日本侵华时被日机炸毁部分建筑，邓培亲属作过修建。1994 年和 2002 年，中共三水市委、市政府两次拨款进行了修葺，除保留原貌外，还扩大了周围的建筑面积，进一步丰富内涵。现在故居为两厅四房居室，花园绿化环境优美，设展览厅，展出图片 60 多幅，还陈列一些实物。

特色景点

佛山祖庙

位于佛山市禅城区祖庙路，始建于北宋元丰年间，以其独特的岭南古建筑风貌和所存的冶铸、漆朴、金箔、雕刻，反映了明清至民国本地高超的工艺技术水平，融古代佛山经济、文化、宗教、民间艺术于一炉，展现着工商、科举、民俗、粤剧、武术五大文化主题。

西樵山

位于佛山市南海区，其莲峰簇瓣，回溪叠壑，风光旖旎，概括了72峰、36洞、207泉、28条大瀑布、9大景区、东西2天湖。在200多年前的清王朝，曾把“云瀑”列入“羊城八景”中。先后被评为国家重点风景名胜区、国家森林公园、国家4A级旅游区。

清晖园

位于佛山市顺德区大良清晖路，为我国南方古典园林艺术的杰作，素有岭南四大名园之一的盛誉，已列为省级文物保护单位。其布局既能吸取苏州园林艺术精华，又能因地制宜，环境以清幽自然、秀丽典雅见称。

三水森林公园

位于佛山市三水区城区北郊，总面积3366亩，以拥有著名仿古建筑孔圣园、闻名海内外的三水大卧佛、汉藏佛文化艺术殿堂、返璞归真的重阳古道、无情谷、鸳鸯湖、宣言广场、情人谷以及80%的森林覆盖率和优美的湖光山色而成为华南地区旅游胜地。

南国桃园

位于佛山市南海区北部、著名的桃花之乡狮山镇松岗。这里山水相映，鸟语花香，空气清新；南海观音寺、中央电视台南海影视城和碧波湖鹭鸟天堂，形成三大景区；各种休闲度假、康体娱乐、商务会议等旅游服务设施错落有致地散布在园区各处，人文景观与自然景观相映衬，欧陆风情与东方田园相融合，独具特色。

皂幕山

位于佛山市高明区杨梅镇井头村，主峰海拔 805 米，雄踞佛山第一高峰。山中溪涧潺潺，流泉飞瀑。松涛阵阵，凝碧叠翠。群山起伏蜿蜒，山峰嶙峋争雄。其中一峰突起，敦厚雄浑，耸立于天幕之间，故名皂幕山。

旅游服务

交通

佛山的交通基础设施完善，已形成一个公路、铁道和航空齐备、辐射力强的现代化交通网络。

航空

佛山目前没有专门的航空客运站，因此，想要乘坐飞机出行，需前往广州机场。佛山至广州新白云机场的专线车业已投入运营。在佛山鸿运汽车站即可搭乘，早上 5:00 到晚上 9:00，30 分钟一班；新白云机场则是早上 6:30 到晚上 10:30，也是 30 分钟一班。全程 1 小时，票价 28 元。

佛山航空咨询电话：0757—82263555
0757—82810531

机场专线订票电话：0757—82237345

铁路

佛山市火车站位于文昌北路。市内 1、2、4、5、6、8、9、10 等多路公交车均可抵达，交通十分便利。广湛铁路通过佛山与全国铁路网联结，在佛山火车站多趟列车驶往全国各大中城市。

火车站咨询电话：0757—82710268
0757—82810543

公路

佛山市内主要有四大长途客运站，分别为佛山鸿运汽车站、祖庙汽车站、东方广场汽车站以及城北汽车站。

佛山鸿运汽车站位于繁华热闹的汾江中路，是佛山地区公路客运的主要枢纽站，主要是发往广西、海南以及省内广州、汕头、深圳等地的长途汽车，佛山市内乘坐 1、2、3、4、5、6、10、11、12 路公交车均可到达。咨询电话：0757—82281287。

祖庙汽车站位于佛山市禅城区城门头路2号，主要是发往广州省客运站（火车站）、广州中山八路站的汽车。佛山市内乘坐1、2、3、4、5、6、7、10、11、12、20、34、137路公交车均可到达祖庙汽车站。咨询电话：0757—82223535。

东方广场汽车站位于禅城区锦华东路87号，主要是发往市郊县镇以及广州的汽车。市内乘坐13、19、31路公交车在东方广场站下车。

城北汽车站位于禅城区站前路佛山火车站西侧，主要是发往广州越秀南站、广州火车站的汽车，咨询电话：0757—82810637。市内乘坐1、2、4、5、6、8等路公交车可以抵达。

市内交通

2010年佛山地铁一号线（广佛地铁）开通，该线路起于顺德路洲，止于广州沥滘，与广州地铁1号线在西朗换乘，与广州地铁2号线在南洲换乘，与广州3号线在沥滘换乘，与广州地铁8号线在沙园换乘。通过一次换乘，可到达广州火车站、广州荔湾区、海珠区、花都区、南沙区和番禺区。

佛山的公交系统较为复杂。除禅城区的公交车实行上车2元、一票到底的计费方式外，其他各区均实行分段收费，票价从2元到10多元不等。目前佛山市各区的公交车大多实行无人售票制，由乘客投币乘车。

佛山出租车、南海出租车与顺德出租车仍然处于分开经营的状态，起步价均为7元，2.6元/公里。

住宿

禅城酒店

一家按四星级标准装修的商务酒店，位于佛山市区的商业繁华地段，交通便利。

地址：佛山市禅城区汾江中路76号

电话：0757-8202201

金湖酒店

集餐饮、客房、娱乐、康体于一体的三星级涉外商务酒店，是商务宴请、社团活动、会议展示、家庭旅行的理想选择。地址：佛山市禅城区普澜二路23号

电话：0757—83309340

祈福（仙湖）酒店

位于佛山南海仙湖旅游度假区内，毗邻广州、邻近港澳，交通方便，是按国际星级标准精心设计打造的一个极具地中海风情的商务、休闲度假型酒店。

地址：佛山市南海丹灶镇仙湖度假区内

电话：0757—85449988

餐饮

佛山是珠江三角洲的“美食之乡”，这里土地肥沃，水网交错，物华天竞，“海陆空”物产颇丰。无论天上飞、地上走、土里钻、水中游的动物，还是那青葱滴翠的各种果蔬，在厨艺大师们的精心烹调之下，都能变成美味佳肴。

佛山有许多小吃，如佛山扎蹄、大良野鸡卷、大良姜汁撞奶、炸牛奶、双皮奶、小凤饼、南海鱼生、大福饼、九江煎堆、三水狗仔鸭、水晶饺、甘笋蒸饼、西樵大饼、佛山九层糕、石湾鱼脯、佛山柱侯酱、蚕蛹、白糖棉花糕、应记云吞面、金源酒家甘笋蒸饼、汾宁白糖棉花糕、大可以状元及第粥、盲公饼等。

佛山人根据不同地方的特产与口味，创制了许多风格各异的美食菜点。佛山的柱侯食品，顺德的“凤城（大良）炒卖”，声名远播。

HEYUAN

河源红色之旅

旅游线路示意图

淞沪抗日和籍烈士纪念碑
塔岭烈士墓园
连平县
G105
G4511
中共后东特委机关旧址——黄氏大宗祠
中共东江第一次党代会会址
G4511
缅怀革命先烈
龙川县
G205
刘尔崧纪念馆
G205
紫金县苏维埃政府旧址——湖子
G205
G35
G4511
G205
G35
阮啸仙故居
河源市烈士陵园
东源县

红色景点

▶河源市烈士陵园

位于河源市源城区公园广场西面。

为纪念阮啸仙等革命先烈，原河源县人民政府于1958年12月建立了河源县革命烈士陵园，又称啸仙烈士陵园。园内建有阮啸仙汉白玉雕像、阮啸仙烈士纪念亭、河源革命历史革命烈士纪念馆和革命烈士纪念碑，纪念碑后有一座记载362名河源籍革命先烈芳名的墓冢。1990年6月，成立“啸仙陵园管理所”，加大投入，逐步完善了园内的基础设施，使陵园逐步形成了集教育和休闲于一体的公共场所。2002年12月更名为河源市烈士陵园。

▶阮啸仙故居

位于东源县义合镇下屯村。

阮啸仙（1897—1935），广东河源人。1921 年加入中国共产党。先后担任中共广东区委农民运动委员会书记、中共广东省委委员和农民运动委员会书记等职。由于在广东全省各地坚决支持广大农民的革命行动，深受农民的爱戴，农民中流传着一首赞扬他的童谣：“阮啸仙，阮啸仙，农民见到哈哈笑！地主见到哇哇叫!”1930 年调中共中央机关工作。1931 年 11 月被选为中华苏维埃共和国中央执行委员会委员，担任审计委员会主席。1934 年 10 月任中共赣南省委书记兼赣南军区政治委员。1935 年 3 月在指挥突围的战斗中不幸壮烈牺牲。陈毅为战友的永别写下了《哭阮啸仙、贺昌同志》：“环顾同志中，阮贺足称贤。阮誉传岭表，贺名播幽燕。审计呕心血，主政见威严。哀哉同突围，独我得生全。”

阮啸仙故居又称洪亨书屋，建于清朝，属三进院落式客家民居形式。故居内陈列了阮啸仙生前参加革命活动和早期生活的一些史料，并保存了阮啸仙生前用过的部分物品。被评为广东省重点文物保护单位。

▶淞沪抗日和籍烈士纪念碑

位于和平县阳明镇东山岭南坡。

1932 年 2 月 19 日，日军向吴淞、闸北、江湾的中国军队发动总攻，十九路军第三团官兵在团长黄汉廷（和平县附城镇新塘人）率领下，与日军相持激战 5 天，第三团 7 名官兵伤亡较重。日军因死伤颇多而溃退。29 日拂晓，日军倾巢出动，分兵向中国军队阵地进逼。在阻击战斗中，中国军队誓死坚守，第三团三营九连连长黄瑾身中三弹，血流如注，仍坚持指挥不下火线，最后壮烈牺牲。

为纪念这次阵亡的 49 名和平籍官兵，1933 年团长黄汉廷倡议和平县各界募捐，在和平县城东山岭南坡修建烈士纪念碑，让爱国抗日英雄事迹流芳百世，供后人世代缅怀。

▶紫金县苏维埃政府旧址——湖子仓

位于紫金县苏区镇炮子村。

1923 年 3 月，炮子乡农会成立，将湖子仓征为农会所用。同年 7 月，紫金县总农会成立后在此办公。1927 年 4 月 26 日，紫金人民在中共东江特委的领导下，举行了武装暴动，攻占了县城。5 月 1 日，成立了紫金县人民政府。由于国民党军队和地主民团的疯狂反扑，紫金县人民政府转移到苏区建立农村革

命根据地。12 月 1 日，在红二师（由南昌起义军入粤部队改编）的大力帮助下，在这里召开紫金县工农兵代表大会，成立了紫金县苏维埃政府。周恩来、徐向前、彭湃等老一辈无产阶级革命家都曾在这里指导过革命运动。

▶刘尔崧纪念馆

位于紫金县紫城镇黄牛挨磨山麓。

刘尔崧（1899—1927），河源紫金人，1918 年入广东省立第一甲种工业学校读书，任校学生会主席。五四运动时，参加领导广州爱国学生运动。1921 年春参加广东共产主义小组。曾出席中共第三次全国代表大会。长期从事职工运动，组织领导广州工团军参加平定广州商团叛乱和讨伐陈炯明的东征战役以及北伐战争。1927 年在广州“四·一五”反革命大屠杀中被害。他与阮啸仙、黄居仁并称为广东革命史上著名的“东江三杰”。

刘尔崧纪念馆建于 1986 年，曾与刘尔崧一起工作的聂荣臻元帅为其题写了馆名。在纪念馆的脚下，是以刘尔崧命名的“尔崧中学”。不远处，紫金县的革命烈士陵园里，高高的纪念碑在青松翠柏中显得肃穆庄严。

中共东江第一次党代会会址

位于紫金县古竹镇上联村新楼自然村 11 号。该址建筑面积 200 多平方米，是土木结构的房屋。

抗日战争爆发后，中共惠（阳）宝（安）工作委员会书记曾生派共产党员黎孟持从坪山返回古竹，重建党的组织，开展抗日救亡工作。1938 年 12 月和 1939 年 1 月，在古竹先后成立了特别支部和中共紫金县临时工作委员会。1939 年 2 月，东江地区第一次党代会在此召开，成立了中共东江特别委员会（简称“中共东江特委”），书记尹林平、组织部长饶卫华、宣传部长饶彰风，下设青委、妇委等。

▶中共后东特委机关旧址——黄氏大宗祠

位于龙川县附城镇水贝村。

1941 年 2 月，中共东江后方特别委员会（简称“后东特委”）在老隆水贝村黄氏大宗祠对面一间合面屋成立，梁威林任书记，下辖紫金、五华、龙川、和平、河源、新丰等县委及连平县工委，党员 1100 多人。同年冬，中共地下党员黄用舒（时任老隆区长、税捐处长等职），为解决党组织活动经费和人员的给养，以振兴家乡小工业名义带头捐资筹集资金，在宗祠内办起了“星光染织厂”，以染织厂为掩护开展各项革命活动。特委领导常来往于此。该厂既是后东特委机关，又是中共粤北省委驻老隆交通总站的联络点，站长蓝训才兼染织厂经理。

黄氏大宗祠建于清代，为二进院落四合院式布局。20 世纪 90 年代水贝村民集资对宗祠进行维修，并在宗祠大门前的门坪内立了一座革命斗争历史纪念碑，祠堂厅内墙上贴有后东特委及其革命斗争历史概况的简介。先后被评为龙川县重点文物保护单位、河源市爱国主义教育基地。

▶塔岭烈士墓园

位于连平县绣缎镇塔岭村。

1948 年 11 月 15 日，解放军粤赣边支队桂林队等队共 400 余名指战员于与塔岭交界的狮子脑山设伏，歼灭国民党反动派 70 余名，俘敌 35 名。粤赣边支队也牺牲了 7 位战士。18 日，粤赣边支队在河西船塘举行万人祝捷庆功暨公祭革命烈士大会，追认在战斗中牺牲的朱振汉等 4 位烈士为中共党员，并授予 14 人为“战斗英雄”，29 人为“战斗模范”荣誉称号。

为纪念狮子脑战斗的重大胜利及告慰烈士英灵，由社会各界筹资于 1999 年兴建了塔岭烈士墓园。墓园中间为呈正方形的“狮子脑战斗纪念亭”，纪念亭左右两边分别镶有一些领导同志及革命老前辈的题词碑刻，纪念亭后刻着《烈士英名录》。其中还安置了抗日战争以来各个时期为新中国的解放和建设事业壮烈牺牲的 167 位革命烈士的坟墓。1995 年被公布为河源市爱国主义教育基地。

特色景点

万绿湖

位于河源市东源县境内，因处处是绿，四季皆绿而得名。集水域壮美、水质纯美、水色秀美、水性恬美于一身。内设有新丰江国家森林公园与河源新港镇省级自然保护区，被誉为地球北回归线“沙漠腰带的东三奇”之一，是国家 4A 级旅游区，广东省环境教育基地。

野趣沟

位于河源市大桂山旅游大道中段，面临碧波万顷的万绿湖，三面山势层峦叠嶂，巍峨挺拔，古藤巨树遮天盖日，飞瀑流泉百重千层；以树奇、石怪、沟幽、水秀之独特的原始山水自然风光，展现其以野性之乐释放人生欢情，以野性之谜解读生态文化，以野性之美展示自然魅力。

苏家围

位于河源市东源县义合镇苏家围村，是宋代大文豪苏东坡的后裔居住地，由 18 座府第式的客家民居组成，其中最古老的房子已经有 500 多年的历史了。只要置身其中，就会被它的古老、深沉、淳朴所吸引。

霍山

位于河源市龙川县田心镇，属丹霞地貌，有“丹霞山第二”之美誉，以奇特的山形，清幽的岩宇，悠久历史而著名。全山计有二十七岩、四十八峰、十一泉池、八大洞府等名胜古迹。

圣迹苍岩

位于河源市连平县内莞镇，是一个高达百米的大型溶洞，分为旱洞和水洞两个部分，已有3亿年的历史。洞内石笋、石钟乳千姿百态，琳琅满目，“层岩石佛”、“姜公钓鱼”、“石灵猴”、“石观音”、“九龙过江”、“大佛坐禅”、“擎天柱”等惟妙惟肖，置身其中，如步入神奇的艺术华堂。

龙源温泉度假城

位于河源市源城区龙源大道1号。整个城区按国家4A级景区标准精心打造，将世界各国的沐浴文化与主题建筑风格完美融合，为华南地区罕有的超大规模温泉度假胜地。

旅游服务

交通

铁路、公路

河源市是京九铁路入粤第一市，又是广东省拥有铁路最长的市；京九铁路、广梅汕铁路、105国道、205国道、河惠高速公路、河梅高速公路、粤赣高速公路以及即将建成的广河高速公路与正在规划建设中的汕昆高速公路、大广高速公路构筑了河源四通八达的交通网络，形成粤东北地区最重要的交通枢纽。

河源火车站

地址：河源市源城区

电话：0762—3360540

河源市汽车总站

地址：河源市源城大桥路

电话：0762—3332106/3320318

河源市公用汽车站

地址：河源市新市区河源达到北 79 号

电话：0762—3366751/3369238

区内交通

河源市的公交车大部分是自动投币的中巴空调车，1 元 / 人，招手即停。出租车起步价为 5 元。

住宿

望江楼宾馆

经济型酒店，是河源市的老牌宾馆。

地址：河源市太平街 1 号

电话：0762—3336341

迈豪国际酒店

位于河源市商业及文化中心区，五星级标准之设计，由主楼和环境优美的别墅区组成。

地址：河源市沿江东路 8 号

电话：0762—3293009

餐饮

作为客家人聚居区，河源的客家风味别具特色。自古以来，客家风味都是以“肥、咸、熟”为最大特点，原料均来自于人们日常生活中常见的乡野特产，制作而成的美食味美可口，具有浓郁的乡土气息，令无数漂泊在外的客家游子魂牵梦萦。盐焗鸡、梅菜扣肉等客家名菜更是闻名海内外，成为客家美食的代表。

在河源，除了客家风味，川、湘、鲁、东北菜等各个菜系的美食，以及口味纯正的西餐，都可以品尝得到。万绿湖风景区内的野生鱼类众多，鲜嫩肥美，或蒸或煮都是可口美味，在万绿湖码头的新港镇，各家饭店中均可品尝到湖鲜。

曾被评出的十大河源客家名菜是：东江盐焗鸡、东江酿豆腐和红炆肉、咸香鸭、水晶鸡、上汤桂花鱼、清煲草鱼、酿三宝、娘酒醉河虾、薯丝煲。

HUIZHOU

惠州红色之旅

旅游线路示意图

★香港秘密大营救惠州接送站——东湖旅店
★廖仲恺祖屋和纪念碑
G205
G324
惠城区
飞鹅岭公园★
惠州经济职业技术学院
G205
G324
G324
中洞革命遗址★
粤赣湘边纵队纪念公园★
惠东
G205
G205
G15
G15
★叶挺故居
★叶挺纪念馆
惠阳区
S111
澄海区
弘扬叶挺精神，建设

红色景点

提示：关于惠州市东江纵队红色景点见线路七

▶廖仲恺祖屋和纪念碑

廖仲恺（1877—1925），我国近代著名的民主革命活动家、伟大的爱国主义者、国民党左派领袖、中国共产党挚友。曾任国民党中央工人部部长、农民部部长，发布了中国历史上第一个提倡农民自卫、保护农民协会致广东各县令；并兼任黄埔军校、东征军第一任党代表、军事委员会常委、广东省省长、财政部部长、大元帅大本营秘书长等要职。国民党“一大”以后，与国民党右派破坏“联俄、联共、扶助农工”三大政策的行径进行针锋相对的斗争；与李大钊等以及国民党左派团结合作，维持国共合作，发表了《革命派与反革命派》著名政论。1925 年孙中山逝世后，继承孙中山遗志，坚决贯彻革命的三大政策，被国民党右派势力视为眼中钉，于 1925 年 8 月 20 日在广州被暗杀，时年 48 岁。

廖仲恺祖屋位于惠城区陈江镇幸福村陶前自然村，早年被毁，仅存断壁一截。旁边立有廖仲恺纪念碑，由广州国民革命政府于1925年11月6日所建。

▶叶挺故居和叶挺纪念馆

叶挺（1896—1946）是中国人民解放军的创始人和新四军重要领导人之一，是闻名国内外的军事家。他带领的独立团在北伐中被誉为“铁军”，他参与指挥南昌起义并出任前敌总指挥，参加广州起义时任起义军工农红军总司令，抗日战争中又出任新四军军长，后在皖南事变中被国民党扣押，他拒绝蒋介石的威逼利诱，写出了著名的《囚歌》以明志。抗战胜利后，叶挺获救出狱并被中国共产党重新接纳为党员。他与夫人李秀文以及秦邦宪、邓发、王若飞等同志在返回延安途中，因飞机失事而不幸遇难。1988年叶挺被中央军委确定为36位开国军事家之一。

叶挺故居 位于惠阳区中部的秋长镇周田村，旁边为腾云小学旧址、读书亭和育英楼，这些建筑物与叶挺故居连成一个整体建筑群，周边有几个具有独特建筑风格的碉楼式客家古寨，毗邻度假旅游区，四面风景优美。2006年被列为全国重点文物保护单位，陈列展品 150 多件，门匾“叶挺将军故居”为江泽民同志亲书，厅内有江泽民、李鹏等的题词，故居前塑有叶挺将军铜像。

叶挺纪念馆 位于惠阳区淡水镇的叶挺东路，1991 年 9 月 10 日建成开馆。馆名为叶剑英元帅题写，江泽民、杨尚昆和李鹏等同志分别为该馆题词。序幕厅中央矗立一座叶挺汉白玉雕像，馆内“回”字形走廊把 8 个展厅连接起来，共陈列展出珍贵文物 516 件，再现了一代名将短暂而光辉的一生。

▶飞鹅岭公园

位于惠州西湖西侧，园内有东征战士群雕，抗战时期国民政府军为对付日军所建的地堡今仍保存完好。

在第二次东征攻打惠州之战中，以黄埔军校学生军为骨干的第一纵队为攻城部队，担任作战主力，于 1925 年 10 月 10 日攻占惠州城外飞鹅岭，并作为攻城指挥阵地和炮兵阵地。东征军总指挥蒋介石，总政治部主任兼第一军政治部主任、第一师党代表周恩来等登临飞鹅岭视察和指挥攻城战役。经浴血奋战，东征军以伤亡 400 余人的代价，14 日攻克了号称“固若金汤”的惠州，为国共第一次合作进行的第二次东征取得了决定性的胜利。

▶中洞革命遗址

中洞位于惠东县高潭老苏区东北面，海丰、陆丰、惠阳、紫金四县交界处，是土地革命战争时期海陆惠紫革命根据地的重要后方基地。据统计，从 1928 年到 1933 年，中洞村惨遭敌人杀戮的有 700 多人，绝户 160 多户，被烧瓦屋 77 间，茅屋无数。但是，中洞人民并没有屈服于国民党反动派的白色恐怖。在中

国共产党领导下，中洞人民以及工农革命武装，不屈不挠地与国民党反动派展开长期的斗争，革命火种燃遍东江大地。中洞村革命斗争影响之广、斗争之烈、死难之多，为广东省内所仅见。

中洞革命旧址包括：中共东江特别委员会、东江革命委员会、红二师师部旧址、中共东江特委印刷厂旧址、红军井、红军军需处和后方留守处旧址、红军医院旧址、红军兵工厂旧址、红军被服厂旧址、红军俱乐部旧址。

香港秘密大营救惠州接送站——东湖旅店

位于惠城区桥东街道办事处上塘街 70 号，惠州最早的欧式建筑，香港秘密大营救惠州接送站。

1941 年 12 月日军侵占港九后，大肆搜捕抗日分子和文化人士，形势十分危急。在中共中央、中央南方局周恩来的指示下，八路军驻香港办事处、广东人民抗日游击队等立即全力投入秘密大营救斗

争。中共惠阳县委组织部长卢伟如受命到惠州建立接待护送交通站，以香港业昌公司经理的身份包下惠州最高级的旅店东湖旅店整层两楼作为秘密交通站。在香港党组织及进入港九地区的游击队员舍生忘死的掩护下，爱国民主人士和文化界人士安全地从九龙先后到达抗日游击队控制区，分批转移到内地。其中，茅盾、张友渔等 100 多人在中共惠州区委书记蓝造等护送下到达惠州，再护送其从水路离开。中共惠阳县委、惠州区委接待护送文化界人士和爱国民主人士工作前后达半年之久。

▶粤赣湘边纵队纪念公园

位于惠东县安墩圩镇青山坳。

中国人民解放军粤赣湘边纵队，是在中国共产党领导下于解放战争时期建立起来的一支人民武装部队。自 1949 年 1 月在安墩成立后，这支部队动员人民群众广泛开展游击战争，与闽粤赣边纵队一起，解放了闽西南和粤东广大地区，胜利完成了建立解放广东战略基地的任务。接着，配合南下野战军，追歼残敌，解放广东全境，为新中国的成立建立了不朽的功勋。

2003 年在边纵诞生地安墩圩镇青山坳兴建粤赣湘边纵队纪念公园。纪念公园在规划设计上支持自然景观与人文景观、休闲娱乐与传统教育、项目创新与环境整治、打造红色旅游亮点与推进经济社会发展相结合，是一处全面反映粤赣湘边纵队光辉历程，集中共党史、爱国主义教育和红色旅游景区为一体的革命历史纪念地。

特色景点

西湖

位于惠州市中心区域，是一个以山水资源为主体，融自然景观和人文景观于一体的城市型湖泊类风景名胜区，形成发展至今已有1600多年的历史，曾与杭州西湖、颍州西湖齐名，有“海内奇观，称西湖者三，惠州其也”和“大中国西湖三十六，唯惠州足并杭州”的史载。

罗浮山

位于广东中部的东江之滨，在惠州博罗县境内，是我国道教十大名山之一，素有“岭南第一山”之称。总面积260多平方公里，大小山峰432座，飞瀑名泉980多处，洞天奇景18处，石室幽岩72个。

南昆山

位于惠州市龙门县西南部，是一座峰、石、瀑、云、林兼胜，有着奇、险、秀、幽等特色的名山。山中负离子浓度高，是名副其实的“南粤大氧吧”。森林覆盖率达98.2%，拥有24万亩原始森林和6万亩连绵竹海，被誉为“北回归线上的绿洲”。

香溪堡

位于惠州市龙门县，享有“华南第一古堡”之美誉，已形成一个以“神秘的古堡风情、秀丽的田园风光”为主题，以“溪河漂游、古堡探胜、竹林乐园”为项目特色，融自然风光和文化古韵于一身，集知识性、娱乐性、参与性等于一体的绿色生态旅游度假区。

海龟湾

位于惠州市惠东县大星山南麓，西扼大亚湾，东守红海湾，呈半月形，当地人称之为海龟湾。海龟湾是中国大陆18000公里海岸线上海龟的最后一张产床，也是中国唯一的国家海龟自然保护区、世界上最北端的海龟自然保护区，被列入《拉姆萨尔公约》国际重要湿地名录。

熊猫金海岸

位于惠州市大亚湾区霞涌东部，这里迷人的海滩绵绵数千里，海水清澈、海浪轻柔、海沙细白、风景优美，是粤东地区难得一见的海滨浴场，也是游客们夏天的度假胜地。客人尽情享受大亚湾独具魅力的沙滩之旅，沙滩上有沙滩足球、排球、水上摩托艇等刺激的自费项目。

旅游服务

交通

铁路

京九、广梅铁路都在惠州境内设有停靠站。在惠州北站可乘 5、8、20、29 路公交车前往。

公路

惠州交通发达，公路是最佳选择。惠州到辖内各县每天都有密集的往返班车，多为宽敞舒适的空调大巴。惠州辖内的惠阳、惠东，每天也有多次班车来往于广州等地。

惠州市汽运公司客运站

电话：0752—2260251

南线客运中心

电话：0752—2281222

惠东汽车站

电话：0752—88223243

区内交通

公交车票价 1—5 元，多数为自动投币，郊县线按段收费。出租车起步价 5元，也有摩的，但由于道路交通繁忙，因此乘摩的不太安全。

住宿

中信惠州汤泉旅游度假村

位于广惠、惠河高速公路交会处的惠州市惠州大道小金口，依山傍水，有着“一湖两水五山”的独特自然景观，远离尘嚣，环境清幽，空气清新，是难得的天然氧吧。

地址：惠州市惠州大道小金口汤泉风景区

电话：0752—2820838

金华悦酒店

耸立于优美的西枝江畔，拥有438间各式豪华客房，设有充满异域风情的西餐厅、配套齐全的豪华会议厅和多功能厅。地理位置优越，交通便利，还专门设有深圳机场惠州城市候机楼，出行方便的城际豪华巴士直达深圳机场及香港国际机场。

地址：惠州市下埔大道28号

电话：0752—2087199

餐饮

自隋朝起，惠州就有“粤菜重镇”的别称。粤菜三大菜系中的客家菜便以惠州菜为代表。惠州下角中路的杨记餐馆是当地人常去吃海鲜和客家菜的地方，消费中等，味道正宗。上排路的龙凤花园新街的新星食馆做的田螺煲鸡和蒸猪肉汤一定要尝尝，蒸猪肉汤30元/煲。河南岸斑樟湖一横街的一桶鸡也很有特色，45—50元/桶。水门路有美味的特色小吃——横沥米粉，街上还有一些客家菜馆，大众化消费，味道不错。

当地的饮食包罗万象，无论是粤菜、川菜、潮菜还是西餐、快餐店、小食店、面包店，在街上随处可见，随意挑一家，味道都不会让你失望。

DONGGUAN

东莞红色之旅

旅游线路示意图

济广高速公路
S111
G35
G107
环城路北段
沈海高速公路
东莞革命烈士纪念碑
榴花抗日纪念亭
东莞市
周恩来东征演讲台遗址
G94
东宝工农红军领导机关旧址——东山庙
莞深高速公路
梅塘烈士公园
G4
凤岗革命烈士陵园

红色景点

提示：关于东莞市东江纵队红色景点见线路七

▶周恩来东征演讲台遗址

位于东莞市石龙镇中山公园之南。

1925 年 10 月，广东国民政府举行第二次东征，讨伐盘踞在惠州的军阀陈炯明。10 月 6 日，东征军总政治部主任周恩来率领政治部宣传总队进驻石龙。10 月 8 日，周恩来出席石龙各界人士与国民革命军的联欢大会，并发表演说，受到群众热烈鼓掌欢迎。在宣传总队的宣传发动下，石龙人民认识了国民革命军东征的意义，积极行动起来，拥护和支持东征军。

周恩来东征演讲台原为竹木临时搭建，后经多次拆建。新中国成立后始用砖石改建为文娱台、演讲台。1998 年 10 月，在周恩来诞辰 100 周年之际，石龙镇委、镇政府修葺扩建中山公园内的周恩来东征演讲台，栽种翠柏，雕塑铜像。周恩来铜像按东征时期的戎装、演讲时常用的手势而铸，形象栩栩如生。铜像有两米多高，后面竖立石碑，记其功绩。

▶东宝工农红军领导机关旧址——东山庙

（摄影：刘汝胜）

位于东莞市大朗镇境内的东山。现存的东山庙是1996年重建的，占地面积100多平方米。庙前仍遗留当年供游击队员饮用的流水井一口，井水甘甜可口，来到这里的人们都会亲尝一口，体验当年游击队的生活。

1928年5月28日，东莞、石龙、宝安三地党组织在东山庙召开联席会议，决定东莞、宝安两县派出工农武装集结于东山，并以东山为中心，向东莞、宝安邻近地区发展，实行武装割据，开展土地革命。东莞、宝安两县的县委负责人随即进驻东山，在东山庙设立领导机关；两县党组织领导的部分武装队伍也开进东山。他们一方面派人做瓦解国民党军的工作，试图发动士兵起义；一方面深入东山附近农村，宣传土地革命，惩办罪大恶极的土豪劣绅和反动分子。由于当时白色恐怖严重，东宝工农红军处于十分被动的局面，弹药给养无法解决，群众也未能发动起来，因而被迫停止武装割据，疏散了人员和武器。

▶榴花抗日纪念亭

位于东莞市东城街道峡口村铜岭山北面。

1938年10月12日，日军在大亚湾登陆。15日，中共东莞中心县委迅速组建东莞抗日模范壮丁队，抵抗日军的入侵。10月19日，中共东莞中心县委决定，由社训总队政训员何与成、副总队长颜奇率抗日模范壮丁队和壮丁常备队共200多人开赴榴花一线，在峡口、京山、西湖、鳌峙塘等地作战。11月13日，为打击在江北烧杀抢掠之敌，何、颜又率领40余人渡江，在石碣刘屋抗日自卫队的配合下，同日军骑兵浴血奋战。战士王尚谦等11人壮烈牺牲，刘屋自

卫队亦牺牲 11 人。敌遭打击后退回石龙。

为纪念抗日模范壮丁队的壮举，东莞市政府于 1997 年 7 月出资修建了榴花抗日纪念亭。整个纪念亭占地面积约 1480 平方米，纪念亭前有石阶一直延伸到山脚，台阶两边种有郁郁葱葱的青松。现被评为东莞市爱国主义教育基地、东莞市中共党史教育基地。

▶梅塘烈士公园

位于东莞市黄江镇田心村元岗。

1944 年 3 月 31 日，伪军第四十五师第一三四团 1000 余人，进攻驻黄江黄京坑村的广东人民抗日游击队东江纵队第三大队。第三大队在驻长山口的广东人民抗日游击队第五大队和民兵自卫队的配合下，击溃了伪军，歼敌两个连。1944 年 5 月 7 日，驻广九铁路樟木头的日军加藤大队 500 余人，奔袭驻梅塘的东江纵队领导机关。5 月 8 日凌晨，第三大队在第五大队配合下，夹击来犯之敌。日军伤亡近百人，大

队长加藤回到驻地后剖腹自杀。此战，东江纵队独立中队伤亡 30 余人，独立中队政治委员钟若潮（李中）壮烈牺牲。

1963 年 8 月，黄江人民公社收集部分烈士遗骸立碑。1996 年 10 月黄江镇人民政府重修墓园，建成梅塘烈士公园。整个墓园用朱红渗米白色水洗石围墙及黄色琉璃瓦包围，绿树成荫，鸟语花香。现被评为东莞市爱国主义教育基地、东莞市中共党史教育基地。

▶凤岗革命烈士陵园

位于东莞市凤岗镇中心区东面的花果山，1995 年 7 月落成。整座烈士陵园庄重、肃穆、清幽，既体现凭吊先烈的凝重氛围，又充满岭南园林的独特景色。主要由纪念碑、黄友亭组成。纪念碑坐东向西，正面刻着广东人民抗日游击队东江纵队司令员曾生题写的“革命烈士永垂不朽”八个大字，碑身背后底部刻有 56 位烈士姓名。在纪念碑西南面约 20 米处，矗立着为纪念在抗日战争中牺牲的凤岗籍东江纵队战斗英雄黄友而建的“黄友亭”。1944 年 7 月 21 日，东江纵队独立第三中队在凤岗老虎山与日军 400 多人遭遇，独立第三中队少年班班长黄友率本班战士阻击日军，掩护中队主力安全撤离。在战斗中，黄友及 4 名小战士壮烈牺牲。中共中央军委追认黄友为“广东人民抗日游击战斗英雄”和“中国共产党模范党员”。

▶东莞革命烈士纪念碑

位于东莞市莞城区东莞人民公园山顶。

东莞人民有着光辉的革命传统。大革命时期，东莞是广东工农革命运动的先进地区。土地革命战争时期，东莞党组织秘密策动工农暴动。抗日战争时期，东莞是东江抗日根据地的重要组成部分，是华南抗日劲旅——广东人民抗日游击队东江纵队的发源地之一，许多优秀的东莞儿女参加了这支英勇的抗日部队。解放战争时期，中国人民解放军粤赣湘边纵队东江第一支队第三团在东宝地区进行艰苦卓绝的游击战争，最后配合南下野战军解放了东莞全境。

为纪念新民主主义革命时期牺牲的东莞籍烈士，东莞县人民政府于 1959 年建此革命烈士纪念碑。碑基座上镌刻着碑文，叙述了东莞人民在中国共产党领导下进行革命斗争的艰苦历程。纪念碑前广场两边有四组反映东莞革命斗争历史的群雕，各植两行青松翠柏。整座碑园树木葱茏，环境幽静。

特色景点

鸦片战争博物馆

位于东莞市虎门镇解放路，是一座收藏、保护、陈列、研究林则徐禁烟与鸦片战争文物史料的专题性博物馆，是鸦片战争时期的历史见证，先后获得“全国爱国主义教育基地”、“全国爱国主义教育示范基地”、“国家 4A 级旅游景区”等称号。

可园

位于东莞市莞城街道博厦社区，是清代广东四大名园（东莞可园、顺德清晖园、番禺余荫山房、佛山梁园）之一，属岭南古典私家园林建筑。可园临湖傍江，风光幽雅，设计精巧，布局缜密，亭台楼阁、山水桥榭、厅堂轩院，一应俱全。今天的可园是全国重点文物保护单位，也是书画艺术交流的重要场所，被誉为“岭南近现代花鸟画的摇篮”。

南社明清古村落

位于东莞市茶山镇南社村，是不可多得的具有鲜明岭南农耕文化特色的古村落。现存祠堂 22 间，古民居 200 多间，是中国现存最大的较为完整的明清古村落之一，多由民居、祠堂、书院、店铺、家庙、古榕、古井、牌楼等明末清初建筑构成，是珠江三角洲明清古村落的典型实例，具有较高的历史价值和艺术价值。

东莞展览馆

位于东莞市市中心鸿福路，是一座以展示东莞名城风采为目标，形象地再现东莞发展历程、发展成就和发展前景，集宣传、教育、咨询、娱乐功能于一体的综合性展览场馆。展馆运用宏大的场景、翔实的资料、艺术的构思、高科技的手段，展示出东莞灿烂的历史、伟大的成就和美好的未来，是全面推介东莞的窗口、市情教育的学校和高品位的文化休闲场所。

松山湖

位于东莞市中部，是一座“融山、水、园为一体”、“科技共山水一色”的科技生态新城。松山

湖景区四周峰峦环抱，湖面烟波浩渺，有松湖烟雨、松湖花海、状元笔公园、梦幻百花谷等主要景色，是集游览、休闲、度假、健身娱乐于一体的国家4A级旅游景区。

绿色世界

位于东莞市南城区板岭，是东莞市生态旅游景点。景区绿树成荫，鸟语花香，自然景色十分优美。游客可以在此观赏到无土栽培的植物、200多个品种的温室异国花卉和100多个品种的果树。

旅游服务

交通

东莞地处广东省中南部，是沟通穗、港以及珠江两岸和深圳、珠海两个经济特区的交通枢纽，交通便捷。

铁路

东莞是广九铁路、广深准高速铁路、广梅汕铁路与大京九铁路的交会点。交会处位于常平镇并以“人”字形向南、北和东部伸延，贯通了埔田、丘陵、山区等东部各镇区。从东莞乘坐火车前往北京、上海以及华东等地区极为便利。

东莞火车站位于常平镇，主要有发往广州、深圳、上海、北京、重庆等全国20多个大、中城市的客运列车。

咨询电话：0769—86296476

公路

东莞市的公路密度可以说全国名列第一。目前全市已有13个镇（区）通高速公路，各村委会通汽车，形成了一个以高速公路和一级公路为骨架，各镇均有公路联通的快速便捷的公路交通网络，轻松地便把国道、高速公路、铁路、港口连成一体。

东莞市汽车客运总站

地址：东莞城区四环路与新万道路交会处

咨询电话：0769—2701666
0769—2785190

水运

东莞位于珠江出海口，主要港口——虎门港是国家一类口岸，对外国籍船舶开放，每天都有客货轮直达香港。

虎门港澳客运公司

地址：虎门镇新洲路 17 号

电话：0769—85511947

虎门龙威客运有限公司

地址：虎门港澳客运码头

电话：0769—85190888

市内交通

东莞市内公交线路发达，覆盖了整个城区，乘坐公交车能够到达市区内的各个地方，十分方便。由于东莞的公路设施状况非常好，从市区到周边城镇都通有城巴，方便到达各个城镇。

目前东莞开设有 5 条旅游专线，其中 1 号线东莞至虎门，全程票价 10 元；2 号线东莞至常平隐贤山庄，全程票价 11 元；3 号线东莞至樟木头观山公园，全程票价 12 元；4 号线东莞至石龙金沙公园，全程票价 6 元；5 号线莞城至绿色世界，按上车每票 2 元统一收费。

东莞的出租车遍布全市 32 个镇区，以捷达、夏利等车型为主。出租车有三个档次，分别为：起步价 5 元，1.8 元 / 公里；起步价 6 元，2.0 元 / 公里；起步价 7 元，2.4 元 / 公里。

住宿

尼罗河酒店

东莞市第一家文化主题五星级酒店，尼罗河恒久奉献的文化精髓和古埃及恢宏尊上的建筑风格，让客人仿佛置身异域，飞越时空，感受深蕴传统与热情时尚的交融意境。

地址：东莞市万江区万道路南 10 号新华南摩生活城 F3 区

电话：0769—22706666

宏远酒店

与市政府大厦、博物馆、玉兰大剧院相邻，拥有 300 多间各类豪华客房，远近驰名的宏远鱼翅海鲜酒家，环境幽雅的西餐厅，配套齐全。

地址：东莞市南城区宏远路 1 号

电话：0769—22418888

餐饮

东莞菜属岭南菜系，具有浓郁的地方特色，分山乡风味菜系、水乡风味菜系等，各有代表菜式，如山乡风味里有樟木头客家咸鸡、大朗榄酱炒饭、清溪茅根黄豆坑螺汤等，水乡风味有沙田莲藕煲龙骨汤、洪梅芋合干拗蚬肉、虎门蜜汁烤鳗鱼等。

东莞临江面海，水产丰富，海鲜也是特色之一，除了出名的膏蟹、重壳蟹、濑尿虾、石斑鱼等等，还以出产基围虾著名。吃海鲜最著名的地方是虎门的新湾镇，十多家大排档在海边一字排开，置身其中，听涛品海鲜，妙不可言。

东莞最著名的风味小吃首推“三禾宴”和厚街烧鹅濑。“三禾”指的是禾虫、禾花雀（现已禁捕食）、禾花鲤，营养丰富，口味极佳。厚街烧鹅濑是用整只鹅、大块肉、大块骨，加许多特种药材和香料熬制而成的濑粉，美味诱人。其他的风味小吃有厚街腊肠和东莞米粉，石龙的麦芽糖和糖柚皮，沙田的莲藕，石碣的芙蓉肉和芋杆子，长安的乌头鱼等。此外，东莞还云集了大江南北的各式佳肴，雍华庭的湘菜馆、厚街的珊瑚路（台湾街）、东城南路的东北菜、南城区的素食等，五花八门，应有尽有。

JIANGMEN

江门红色之旅

旅游线路示意图

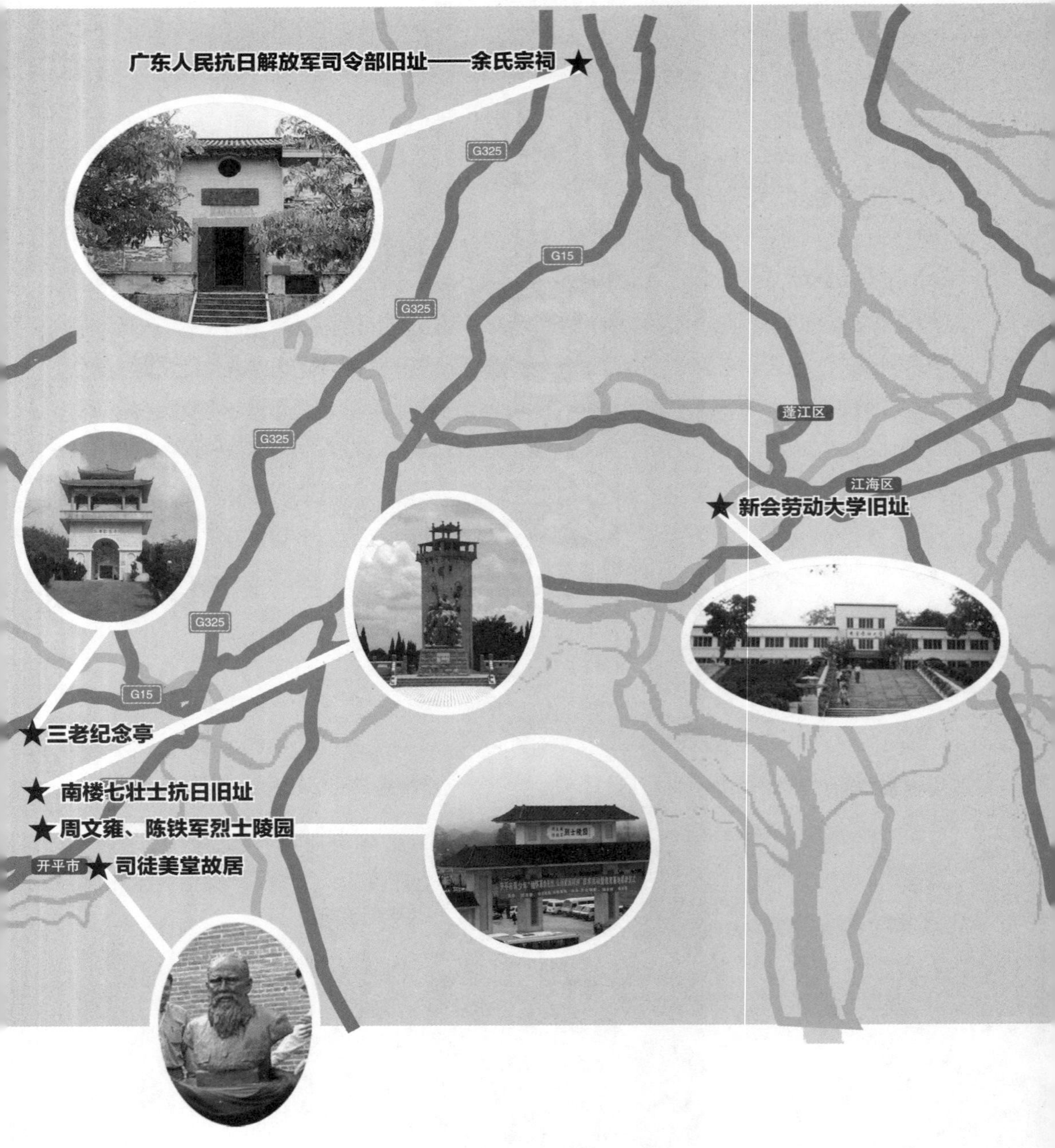
广东人民抗日解放军司令部旧址——余氏宗祠
G325
G15
G325
G325
蓬江区
江海区
新会劳动大学旧址
G325
G15
三老纪念亭
南楼七壮士抗日旧址
周文雍、陈铁军烈士陵园
开平市
司徒美堂故居

红色景点

▶新会劳动大学旧址

位于江门市圭峰山国家森林公园景区内。

1958年7月2日，周恩来总理莅临新会视察指导工作，将圭峰农场命名为“新会劳动大学”，并亲笔题名、题词。

新会劳动大学旧址内建有周恩来总理视察新会图片展览馆。馆内展出了70多张珍贵的历史照片，是人民总理周恩来1958年7月1日至7日连续七天视察新会县期间，轻车从简，深入工厂、农村、学校调查研究，与广大干部群众水乳交融、谈笑风生的真实写照，表现了周总理处处事事关心人民疾苦，实事求是、艰苦奋斗、乐于奉献的光辉形象。馆内还有周总理塑像供人们瞻仰，极富纪念价值和历史意义。

▶周文雍、陈铁军烈士陵园

位于开平市百合镇茅冈圩广湛公路旁。

陵园内建有高31.6米的“周文雍、陈铁军烈士纪念碑”。碑座正面镌刻着纪念碑碑文，记述两位烈士的革命事迹。周文雍（1905—1928），广东开平人，曾任中共广州市委委员、组织部长、市委工委书记，广东省省委常委等职。在广州起义中，担任工人赤卫队总指挥。广州苏维埃政府成立后，任人民劳动委员。广州起义失败后，和陈铁军转移到香港。1928年1月，接受组织委派，潜回广州重建党组织，不久因叛徒告密，两人被捕。在狱中，他们坚贞不屈。2月6日，两人在广州红花岗英勇就义前，举行了著名的“刑场上的婚礼”。碑座左面刻着陈铁军烈士的箴言：“一个革命者应该学习古今中外伟大人物的高贵品质和英雄气概。”右面刻着周文雍烈士就义前写的著名诗句：“头可断，肢可

折，革命精神不可灭。壮士头颅为党落，好汉身躯为群裂。”现被公布为江门市首批中共党史教育基地。

▶司徒美堂故居

位于开平市赤坎镇滘堤洲中股牛路里。该故居是一座三廊二房一厅的青砖墙、瓦顶建筑，建成于清末。故居前立司徒美堂半身铜像。现被公布为省重点文物保护单位。

司徒美堂（1868—1955），广东开平人，早年曾追随孙中山先生参加民主革命运动。1937 年抗日战争爆发后，发动美洲华侨捐款，支援国内抗战，并向华侨广泛宣传介绍中国共产党领导中国人民英勇抗战的事实。1945 年 3 月，将美洲洪门致公堂改组为中国美洲洪门致公党，并当选为主席。翌年返国，致力民主运动。1949年代表美洲华侨出席中国人民政治协商会议，当选为中央人民政府委员。新中国成立后，积极参加新中国的建设事业。历任政协一届、二届全国委员，全国人大常务委员会委员，华侨事务委员会委员等职。1955年5月8日病逝，享年87岁。

▶南楼七壮士抗日旧址

位于开平市赤坎镇南楼管理区腾蛟村边，是一座弹痕累累的古式碉楼，因其位于村南，被称为“南楼”。

抗日战争时期，司徒四乡自卫团腾蛟中队设队部于此。1945年7月中旬，该队司徒煦等七壮士凭楼阻击南窜之日本侵略军，坚守七昼夜，毙敌16名。最

后，日本侵略军施放毒气，七壮士中毒被捕后，全部壮烈殉国。

该楼是当地华侨、侨眷出资建于1913年，为七层钢筋水泥建筑，每层开窗和设有枪眼，第六层为瞭望台。它南临潭江，北扼东滘龙公路，是三埠、赤坎水陆交通要塞。

▶广东人民抗日解放军司令部旧址——余氏宗祠

位于鹤山市宅梧镇靖村乡松下村。余氏宗祠是三进四合院式布局，1969年头进和二进被拆，现仍保留后进（广东人民抗日解放军司令部挂牌办公的地方）。先后被公布为江门市爱国主义教育基地、中共党史教育基地。

1944年11月，广东人民抗日游击队中区纵队领导机关及主力大队解放宅梧，进驻靖村。1945年1月29日，广东人民抗日解放军在余氏宗祠宣告正式成立，司令部驻此三个多月，在这里领导了粤中区的抗日战争，并以宅梧为中心，开辟了皂幕山敌后抗日根据地。

▶三老纪念亭

位于恩平市恩城镇鳌峰山东北麓，是为纪念冯燊、礽荣、吴有恒三位恩平籍老一辈无产阶级革命前辈的光辉事迹而修建的。三位革命老前辈在大革命时期、抗日战争时期、解放战争时期和社会主义建设时期，对恩平、对党的事业作出了突出的贡献。1997年，恩平市委、市政府筹集资金兴建了三老纪念亭，纪念亭由主亭和游廊两大部分组成，占地面积3700平方米，亭内有三位革命前辈的事迹简介。现被公布为江门市中共党史教育基地。

特色景点

小鸟天堂

位于江门市新会城南10公里的天马村河中。巴金的一篇散文《鸟的天堂》，使其声名远播。“一株榕树便天堂”，一句话概括了小鸟天堂的特点。岛上面积达15亩的榕树根枝相连，树丛中长期栖息着数以万计的十多种小鸟，尤以白鹭和灰鹭最多。白鹭朝出晚归，灰鹭暮出晨归，一早一晚，相互交替，形成“独木成林古榕树、百鸟出巢、百鸟归巢”三大自然奇观。

开平碉楼

位于开平市境内，是集防卫、居住和中西建筑艺术于一体的多层塔楼式建筑，分布在开平市的乡村。其建筑风格有中国传统的硬山顶式、希腊式、罗马式、巴洛克式等，千姿百态，异彩纷

呈。2007 年，“开平碉楼与村落”被正式列入《世界遗产名录》，成为中国第 35 个世界遗产。2010 年，大片《让子弹飞》在此拍摄，片中碉楼威严大方，如进梦幻之地，让人流连忘返。

陈白沙纪念馆

位于江门市蓬江区白沙乡仁贤里（西区大道 44 号），是著名明代理学家、“岭南第一人”陈白沙的故居，内遗有一采用中国传统木结构建造的明朝“贞节牌坊”。近年来，纪念馆先后进行了多次修葺并保留其原有建筑风格。现馆内展出陈白沙的生平、事迹简介、哲学思想作品及大批遗物、墨宝，吸引了大批历史学者、文人雅士、年轻学子前来吊古思今。

圭峰山

横跨新会、蓬江、鹤山三区市，是镶嵌在珠江三角洲上不可多得的一块绿宝石。山中玉台寺为广东四大丛林之一。1989 年名列广东省级风景名胜区之金榜，1997 年荣获国家森林公园之桂冠，更因周恩来总理题名的“新会劳动大学”而闻名于世。雄伟的圭峰山，山脉绵延，泉水清冽，林木葱郁，堆翠叠碧，自然生态风光美不胜收。

锦江温泉

位于恩平市大田镇，在全国首创“温泉冲浪”、“温泉漂流”等极富体验性的水上项目，先后被国家旅游局评定为“国家4A级旅游景区”及“全国绿化模范单位”。这里水质清澈，晶莹爽滑，富含几十种对人体健康有益的微量元素，硅酸、氟、氡均达到国家标准，全国罕有，被誉为“三料”温泉，以其极高的医疗保健价值而深受海内外游客青睐。

上下川岛

位于碧波荡漾的南海之中，隶属于台山市，属亚热带海洋性季风气候，气候温和，四季如春。这两个美丽的岛屿，以其独特的地理环境、浓郁的岭南民俗、绮丽的海洋风情、神秘的宝藏传说，闻名港、澳、台，享誉东南亚，是理想的海滨度假旅游胜地。

旅游服务

交通

江门距广州101公里，广州的省汽车站、芳村客运站、滘口客运站、天河客运站均有直达江门的班车，票价35元，6:15—20:30，平均15—30分钟一班，车程约一个半小时。

江门市汽车总站

地址：江门市建设路42号

电话：0750—3332393

新会汽车站

地址：江门市新会区城西一路33号

电话：0750—6692695

住宿

丽宫国际酒店

坐落在市区最繁华的文化、教育和金融、商业中心，以国际五星级标准配备各项服务及设施，集客房、餐饮、会议、康乐及大型商场、智能化管理的写字楼、酒店式公寓于一体，功能齐备。

地址：江门市东华二路18—28号

电话：0750—8233388

江门国际青年旅馆

该旅馆前身是建于1928年的中华酒店。其所在的堤中路上的商铺都是中西建筑风格相结合、具有浓郁岭南特色的“骑楼”建筑，现已重修改造成旅游风貌街。

地址：江门市堤中路86号

电话：0750—3271388

餐饮

在江门可以吃到各种具有侨乡特色的菜式，丰俭由人。比较出名且有特色的有“开平狗肉”、“古井烧鹅”、“黄沙蚬”、“恩平濑粉”、“恩平野菜宴”、“川岛海鲜宴”、“江门陈皮宴”。其中“开平狗肉”肉香汁浓，让人回味不已。

YANGJIANG

阳江红色之旅

旅游线路示意图

★中共阳春县委联络站——永生堂
麻汕镇
中共阳江县委旧址——许氏宗祠★
G325
白沙镇
阳江之战旧址★
江城区
阳东县
中共阳江县支部旧址——文昌宫★
城西镇
青年群文化研究社阳江分社旧址——民生阁★
阳西县
★阳江县人民民主政府纪念亭

红色景点

中共阳江县支部旧址——文昌宫

位于阳江市江城区南恩路11号。文昌宫是一座砖木结构的庙宇式建筑，室内设有“阳江革命历史展览”。先后被公布为阳江市爱国主义教育基地、重点文物保护单位。

1925年至1926年初，敖昌、欧赤等共产党员和农运骨干，受中共党组织派遣先后回到阳江从事革命活动。1925年12月建立国民党中央农民部特派员阳江办事处；同月建立中国共产主义青年团阳江支部。1926年春，阳江县妇女解放协会成立。1926年3月，中共阳江县支部成立。1926年12月，阳江县农民协会成立。这几个机构均设于文昌宫。在中共阳江县支部等的努力下，阳江县的反帝反封建革命运动蓬勃发展。1927年广州“四一五”反革命政变后，中共阳江党组织中断了组织活动。

▶青年群文化研究社阳江分社旧址——民生阁

位于阳江市江城区中山公园内。建于1933年，占地面积约90平方米。

1937年秋，中共广州市委外县工委会派王传舆到阳江建立“青年群文化研究社”，深入开展抗日救亡运动和重建、发展党的地下组织。中山公园内的小楼房民生阁成为青年群文化研究社筹备活动的地方。1938年4月10日，“广东省青年群文化研究社阳江分社”在这里正式成立。1938—1939年，中共阳江特别支部、中共两阳特别支部机关亦曾先后设于此。

▶阳江之战旧址

位于阳江市江城区白沙街道办事处、325国道旁。

阳江之战（又称“白沙之战”），是解放战争大陆最后一场歼灭战，是役歼敌4万余人。我二野四兵团100多名官兵坚守阵地而壮烈牺牲！是役列入《中外战争战役大辞典》。

旧址包括阳江之战纪念碑和我军临时指挥部两大部分。为纪念阳江之战英勇牺牲的解放军指战员，阳江人民在当年佛子岭战场上建起革命烈士纪念碑。碑座浮雕《阳江之战》，碑身书“革命烈士永垂不朽”八个碑体字，碑顶琉璃瓦覆盖，碑座后面刻碑文。周围风景秀丽，古柏森严。我军临时指挥部原为“白沙小学”，现为白沙中心小学，曾是国共双方的临时指挥部和我方的战地医院。建于清同治元年（1862），清代建筑风格，保存良好，有清代至民国的名人石刻。

▶中共阳江县委旧址——许氏宗祠

位于阳东县东城镇丹载村，原为丹载小学所在地。

1928 年 4 月至 1929 年 2 月中共阳江县委机关设于此。1927 年 7 月，中共广东省委派冯宝铭回阳江组织农民武装。1928 年 4 月，县委改组，改选冯宝铭、许基旭等为县委常委，县委机关设在这里。县委积极发展农民组织，在丹载小学印制革命传单，开展对敌斗争。1940 年春至 1942 年夏中共阳江县委机关设在丹载果子园（殖牧场），丹载殖牧场和丹载小学成为革命活动中心的场所。

许氏宗祠始建于明代，四合院式布局，近年来经过多次布展，内容不断充实，图文并茂，形象生动，参观者络绎不绝。

▶中共阳春县委联络站——永生堂

位于阳春市市区雅铺街 36 号。

永生堂是一间有 100 多年历史的老字号中药店，为共产党员曾昭常所有。由于当时阳春党组织缺少活动据点和活动经费，曾昭常主动向党组织提出把永生堂中药店献给党组织。从此，永生堂就成为阳春党组织重要的革命据点，既是领导机关，又是联络站。地下交通员利用药店做掩护，收集、交换情报，为中区党组织和部队供应活动经费、医药物资，为南下的解放军开展支前工作等，为两阳人民的解放事业作出了重要贡献。从 1945 年 6 月直至 1949 年 10 月阳春解放，永生堂处在敌人的心脏，时间长达四年之久，革命面目始终没有暴露。现被公布为阳江市爱国主义教育基地和文物保护单位。

▶阳江县人民民主政府纪念亭

位于阳西县塘口镇马山村委会梅花地村。

1949 年 2 月，为适应形势发展，中共阳江县委、广东人民解放军广阳支队第八团及阳江县人民民主政府在梅花地宣布成立。10 月，阳江解放，党政军机关进入阳江县城，阳江县人民民主政府改称为阳江县人民政府。1999 年 2 月，为纪念阳江县人民民主政府成立 50 周年，在梅花地建成此亭。现被公布为阳江市爱国主义教育基地。

特色景点

大角湾

位于阳江市海陵岛闸坡镇东南方向，背倚青山翠岭，得大自然垂青，以阳光、沙滩、海浪、海鲜驰名，是海陵岛乃至阳江地区知名度最高的旅游景点。该景点与阳西沙扒月亮湾并称为“姐妹湾”。

十里银滩

位于阳江市海陵岛南面，风光毓秀，粗犷壮阔，与石角滩接合成螺线形，1994 年被上海大世界吉尼斯总部评为中国最大的海滨浴场，还有我国最大的仿宋建筑群——宋城、民族别墅、银海山庄等景点。

广东海上丝绸之路博物馆

位于阳江市海陵岛试验开发区的十里银滩上。该建筑不仅在全国，乃至在世界上都堪称标志性建筑。主要由“一馆两中心”（广东海上丝绸之路博物馆、海上丝绸之路学研究中心和研发中心）构成，设有陈列馆、水晶宫、藏品仓库等设施。

大垌山净业寺

位于阳西县大垌山，是佛教名刹，也是一座名副其实的“玉佛城”。慕名来访的名人墨客不胜其数。留下名联：“三载游人重访柳，万花绕砌不妨禅”。全国佛教协会会长赵朴初、中国国画大师关山月分别为大垌山净业寺题词题字。

凌霄岩

位于阳春市河朗镇，它以雄伟壮观著称，被誉为“南国第一洞府”。洞内的“吉星高照”、“一线天”、“水中印月”、“滴水明珠”等四大自然奇景，为世间罕见，400多米长的岩底河，可供游人坐船游览。

阳江温泉度假村

位于阳东县合山镇325国道旁，是“中国十佳温泉酒店”之一，“广东省十佳温泉”之一，“阳江十景”之一，拥有五星级的温泉假日酒店、“一瀑、三湖、六泉、八池”系列大型露天温泉健康中心和粤西地区唯一国际标准高尔夫球会等完善的娱乐设施。

旅游服务

交通

铁路、公路

三茂（三水—茂名）铁路贯穿全市，阳阳（阳春火车站—阳江港）铁路，罗阳（罗定—阳春）铁路已经投入使用。不过选择汽车出行相对方便，因为阳江汽车总站每天都有大量班车来往于广州、深圳、湛江、茂名和阳江之间，也有大量公共中巴开往高州、电白、阳西、阳春、闸坡等市县。

阳江汽车总站

地址：阳江市金山路

电话：0662—3169999

住宿

阳江新时代宾馆

位于阳江市区繁华路段，交通便捷，环

境优雅舒适。

地址：阳江市西平路6号

电话：0662—3223222

阳江碧桂园凤凰酒店

碧桂园集团在阳江市区精心打造的首家五星级集商务、会议、度假功能于一体的酒店。

地址：阳江市阳东湖滨西路(阳东碧桂园内)

电话：0662—6666666

餐饮

阳江的酒店、小吃店、茶餐厅密集，分布在阳江市的每一个角落。最出名要数漠江路，大大小小的酒店、餐馆一个接一个，而且各有各的特色。漫步漠江路就可以看到街道两旁既有以海鲜为主的酒店，也有以牛羊肉为主的火锅店，还有那以滋补身体为内容的老火靓汤店。

阳江的早点很有特色，在外地是尝不到的，例如“猪肠碌”、“叶贴”、“狗利仔”等。除了上述早点外，还有大乌咸鱼饭、螃蟹饭、血蟮饭、鹅乸饭等，令人赞不绝口。晚上那杏仁茶、芝麻糊的叫卖声，更令人垂涎三尺。有意思的是那菜名，腌了一夜的咸鱼叫“一夜情”，新鲜鱼和咸鱼蒸在一起叫“生死恋”，这些菜名在外地是没有的。

ZHANJIANG

湛江红色之旅

旅游线路示意图

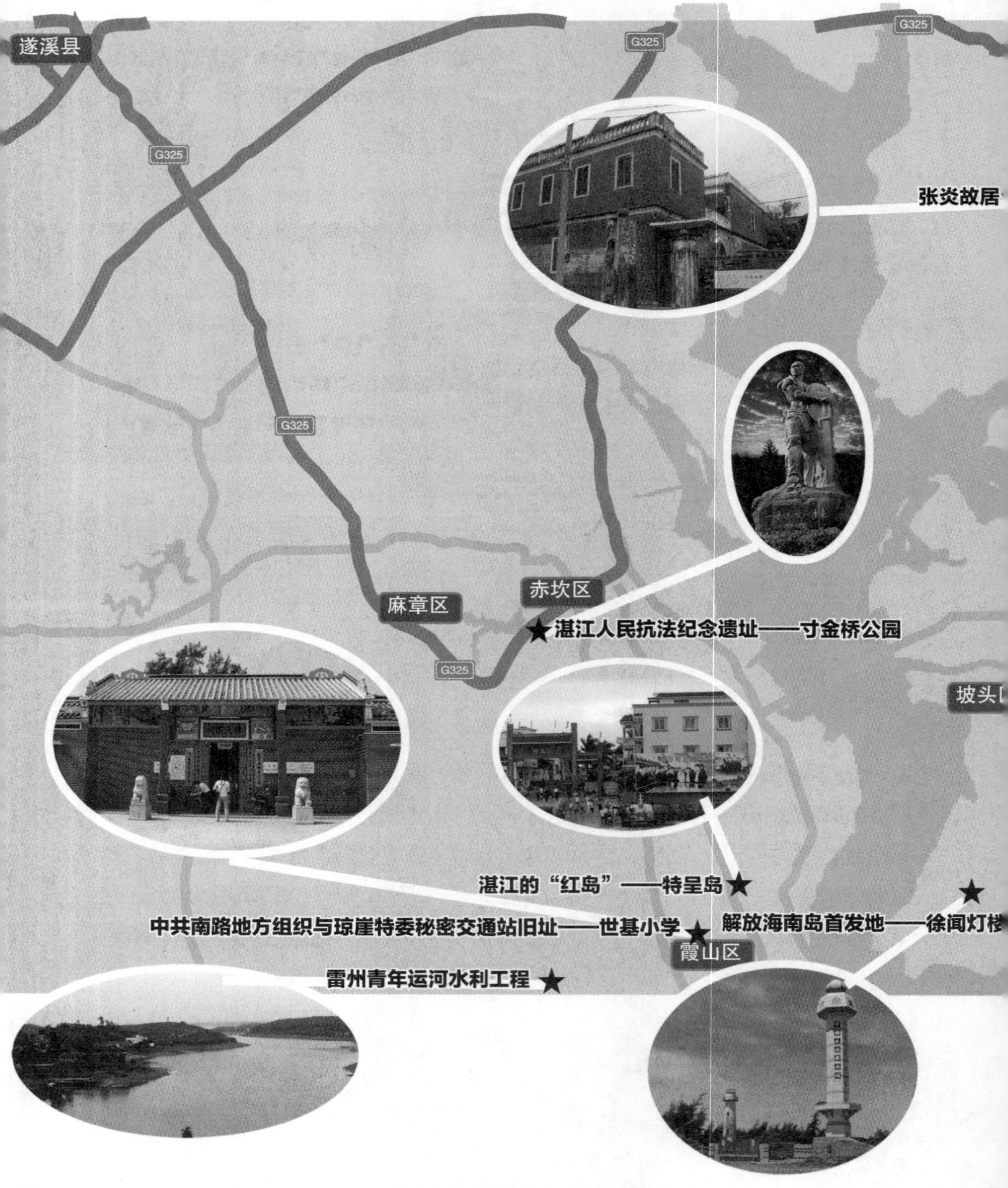

遂溪县
G325
G325
G325
G325
G325
G325
张炎故居
赤坎区
麻章区
湛江人民抗法纪念遗址——寸金桥公园
坡头
湛江的“红岛”——特呈岛
中共南路地方组织与琼崖特委秘密交通站旧址——世基小学
解放海南岛首发地——徐闻灯
霞山区
雷州青年运河水利工程

红色景点

▶湛江人民抗法纪念遗址——寸金桥公园

位于湛江市赤坎区。

19世纪末，在列强瓜分中国的狂潮中，法国强迫清政府租借广州湾（今湛江市区）。为此，湛江大地（当年主要为遂溪县属地）爆发了一场以农民为主力、有地方官绅和各界人士参与的反抗法国强租广州湾的大规模武装斗争。人们组织团练，歃血誓师，寸土寸金，予入侵之敌以沉重打击。历时20个月的英勇斗争，迫使法国把“广州湾租界”西线从遂溪县城附近后退30华里至赤坎桥。为纪念这场波澜壮阔的抗法斗争，当地群众便将赤坎桥改名“寸金桥”。1958年，湛江市人民政府在当年的“界河”遗址寸金桥畔建起了寸金桥公园，作为青少年爱国主义教育基地。

▶中共南路地方组织与琼崖特委秘密交通站旧址——世基小学

位于湛江市霞山区莱塘村，原为林氏宗祠，1939年办世基小学。先后被公布为湛江市文物保护单位、爱国主义教育基地。

该站于1939年3月由中共广州湾支部所建，是抗日战争时期中共南路地方组织与中共琼崖特委共同使用的重要秘密交通站。交通站从建立至全国解放前

夕的十年间，设立了西至北海、合浦、越南芒街，南至海康、徐闻、海南岛，东北至茂名、电白、信宜等三条主要的秘密交通线，为中共琼崖特委与党中央和祖国各地的沟通联系发挥了重要作用。

▶湛江的“红岛”——特呈岛

位于湛江市霞山区东南面的湛江港湾内。

该岛是革命老区，曾因红土地、红怪石、红砖路、红树林、红杜鹃而著称，近年来更因中共中央总书记、国家主席胡锦涛上岛视察而闻名，因而又有“红岛”之称。2003 年 4 月 10 日，中共中央总书记、国家主席胡锦涛考察特呈岛，并到渔民陈武汉家做客，对解决岛上“行路难”、“卖鱼难”、“避风难”、“饮水难”做了具体指示。此后，省、市、区各级党政领导多次深入特呈岛，帮助岛民搞建设，谋发展，“四难”问题很快得到解

决，有针对性的各项措施使海岛面貌焕然一新。同时，生态文明村建设在岛上开展得如火如荼，吸引着众多的游客上岛游玩。白沙滩、火山石、大海、海鸥、渔船和采海人相互映衬，像一幅色彩斑斓的油画，让人流连忘返。

▶解放海南岛首发地——徐闻灯楼角

位于徐闻县西南海滨，三面环海，东为角尾湾，南与海南岛澄迈县相望，西临东场湾，有一角状沙滩前伸入海。灯楼角自北向南楔入琼州海峡约三公里，扼北部湾与琼州海峡进出口，是琼州海峡航道的要冲，也是中国大陆海岸的最南点。1950 年 3 月 5 日 19 时，由中国人民解放军第四十军和四十三军组成的第十五兵团一个加强营共 799 人，乘 13 艘木帆船从这里启航，开始了解放海南岛的战役。在解放海南的战斗中，徐闻县征募了 486 艘船只，1519 名船工，其中 53 名船工光荣牺牲，400 多名船工被评为功臣。战后，十五兵团向徐闻县委、县政府分别赠送了“有力支前，胜利保证”和“解放海南，功在徐闻”两面锦旗，表彰徐闻县人民在解放海南的战役中所作出的巨大牺牲和贡献。

▶雷州青年运河水利工程

雷州青年运河是湛江人民为改变雷州半岛历史性的干旱面貌而建成的大型水利工程，是湛江市的爱国主义教育基地。工程包括鹤地水库和运河两部分，水库地跨粤桂两省区，运河覆盖雷州半岛，全长 271 公里，主干河分出的干支渠 4039 条，总长 5000 多公里。鹤地水库、青年运河建成之后，雷州半岛百余万亩土地得到灌溉，结束了十年九旱的局面，因此工程指挥部荣获国务院颁发的“全国农业社会主义建设先进单位”奖。1960 年 2 月，邓小平、周恩来分别亲临湛江视察，对湛江人民取得水利建设的辉煌成就感到无比欣慰。邓小平还欣然挥毫，为我国水利事业写下唯一的题词“雷州青年运河”。中央领导朱德、董必武、叶剑英、陈毅、王震、郭沫若、贺龙、陶铸等先后都到过运河工地视察指导。

▶张炎故居

位于吴川市塘掇镇樟山村。建于 1931 年，属钢筋混凝土结构的两层楼房，解放后修缮保护较好，上方刻有“张炎故居”四个金色大字，大厅中央放着张炎将军半身铜像。现被公布为省级文物保护单位。

张炎，广东吴川人，1932 年“一·二八”淞沪抗战中，任国民革命军第十九路

军六十一师副师长兼旅长。抗日战争爆发后，回到广东南路开展抗日活动，任国民党广东省民众抗日自卫团第十一区统率委员会主任等职。1943 年春回到故乡。故居曾经是张炎领导抗日武装起义的指挥部，起义失败后，遭到顽军放火焚烧。1945 年 3 月 22 日，张炎在广西玉林遭国民党顽固派杀害。1958 年中华人民共和国中央人民政府追认张炎为革命烈士。

特色景点

湖光岩

位于湛江市西南 20 公里，是距今 14 万至 16 万年间经多次平地火山爆发深陷而形成的目前世界上发现的最大的玛尔湖。它真实地记录了地球 10 多万年以来古气候、古环境的变化情况，被联合国地质专家称为世界罕见的“天然年鉴”和“自然博物馆”。

南亚热带作物研究所植物园

与湖光岩毗邻，是南亚热带作物研究所的科研试验基地。这里是绿的世界，花的海洋，岭南佳果与热带植物集一园，争奇斗妍。游客到此一游后，还可品尝到这里自产的香浓咖啡、红土花生和这里独有的“神秘果”。来到植物园，仿佛置身热带花园之中，令人陶醉。

雷州古城

位于雷州半岛腹地，自古以来就是雷州半岛的政治经济中心和文化名城。历代文人墨客如寇准、苏轼、苏辙、秦观等在此留下的文物古迹众多。有三元塔、雷祖祠、伏波庙等省级文物保护单位，另有古遗址 50 多处、古窑址 61 处、古建筑 120 多处以及大量的碑刻、木匾、铜鼓等，每年都吸引大批中外游客前来参观游览。

东海岛旅游度假区

位于湛江市东海岛东部，面向南太平洋，拥有一条 28 公里长的海滩，海滩海水洁净，海沙松软，含有多种对人体有益的矿物质；有轻型航空飞机、海上摩托艇、沙滩跑车等各式各样的游乐项目；有 55000 亩护林带，被誉为“南海绿色长城”；岛上的“人龙舞”有“东方一绝”之称，令中外游人赞叹不已。

硇洲岛

湛江市的岛外之岛，风景秀丽，一年四季气候宜人。岛中名胜古迹众多，有南国著名的旅游度假胜地——那晏海石滩，有十分理想的天然海浴场，有与伦敦、好望角灯塔齐名的世界著名三大灯塔之一——硇洲灯塔。古迹有宋皇城遗址、祥龙书院、八角井、宋皇碑、宋皇亭等。

湛江港湾

湛江港集军港、商港、油港、货港于一体，素以天然深水良港著称。湛江港湾域面积264.9平方公里，湾内自然岸线长241公里，湾内碧蓝如玉的海面、星星点点的渔帆、威武英气的军舰、满载货物的巨轮、自由飞翔的海鸟、码头忙转的吊机，加上硇洲、东海、南三、特呈等岛屿的拱卫，五彩斑斓中又有几分静谧和秀丽，历来为世人称赏。

旅游服务

交通

航空

作为粤西最大的城市，湛江机场有多条航线与北京、广州、汕头、成都、武汉、香港等城市相通。

民航咨询电话：0759—3255002

铁路

黎湛铁路和广湛铁路贯穿湛江，可到达广州、北京、上海、贵阳、南宁等城市。

火车站咨询电话：0759—2377472

公路

湛江的公路系统较完善，以325国道为主的各级公路通往各地。由于湛江的城区分为两部分，所以湛江有两个主要的长途汽车站，分别位于赤坎和霞山。

湛江汽车客运总站（501车站）

地址：湛江市赤坎区椹川大道北

电话：0759—3337242

霞山汽车客运总站

地址：湛江市霞山区火车南站附近

电话：0759—2198636

区内交通

湛江是当地汽车客运的中心。501和502路公交车站每天都有大量的班车开往区内各市县。湛江城区分为赤坎和霞山两个区，1、2、11、12、13、22等多路公交车穿梭于两区之间，非常方便。如果在区内活动，载客摩托车是极为方便的交通工具。出租车起步价 5 元。

住宿

中国城酒店

这是一家服务设备齐全、装修豪华的四星级酒店。

地址：湛江开发区乐山路 48 号

电话：0759—3199999

金辉煌酒店

位于湛江市人民大道的黄金地段，地理位置优越，横跨湛江市霞山、赤坎两地，距湛江火车站只有 5 公里的路程，10 分钟的车程即可到达湛江机场，交通十分便利。

地址：湛江市人民大道中 15 号

电话：0759—2366618

湛江海滨宾馆

粤西地区最大的四星级园林式涉外宾馆，坐落于宁静的广州湾畔，三面环海，素有“南国钓鱼台，粤西国宾馆”的美誉。

地址：湛江市海滨大道中 2 号

电话：0759—2286888 转 55

餐饮

来到湛江，品尝当地海鲜和特色美食是必不可少的项目。说到吃海鲜，首选霞山东堤路的水产批发市场。市场内有各式新鲜的海产出售，价格随季节浮动。最方便的是，市场周边有许多小餐馆，可以为顾客加工自带海产，花费不多，就能品尝一顿新鲜的海味，绝对让你心满意足。除了海鲜，湛江的白切鸡、白切鸭、狗肉也都是可口的地方美食，不可错过。

MAOMING

茂名红色之旅

旅游线路示意图

信宜市
怀乡起义指挥部旧址——怀乡小学
S280
S283
S215
G207
S280
S371
S283
G207
S284
S285
“中华红”荔枝树
广东省农民协会南路办事处旧址——南皋学舍
高州市
S113
S285
S113
香港学赈会青年回国服务团团部旧址——益寿庵
S113
S284
S281
S280
S285
S282
G207
S284
化州市
茂名市
茂南区
七烈岩革命烈士牺牲地旧址
S285
茂名革命史陈列馆
G207
G15
电白县
G325
G325
S286
G325
G207
中共茂电信工委机关旧址
茂港区
吴川市
七烈岩

红色景点

▶茂名革命史陈列馆

位于茂名市茂南区人民北路茂名市博物馆内。

茂名人民具有光荣的革命传统。在革命战争年代，茂名人民在中国共产党的领导下，为祖国的独立和人民的解放作出了不可磨灭的贡献。在第一、二次国内革命战争、抗日战争和解放战争各个历史时期，茂名是党领导广东南路和粤桂边革命斗争的重要地区。茂名的英雄儿女不惜抛头颅、洒热血，用鲜血和生命谱写了一部气势磅礴的革命史诗。2003 年茂名市委、市政府建设了茂名革命史陈列馆。全馆共分为星火燎原、抗日烽烟、解放洪流、英烈永存、老区丰碑五个部分，陈列图片约 160 张，实物约 100 件，用翔实的图片和文字介绍、丰富的文物和雕塑陈列，展现了茂名人民在新民主主义革命时期前赴后继、不屈不挠、顽强斗争的光荣革命历史。

▶中共茂电信工委机关旧址

位于茂名市茂港区霞里村，是中共茂电信工委（后改称高州地委）和电白县的主要革命据点。旧址是一座单层四合院民房建筑，颇具欧陆风格。

1939 年末，国民党掀起“反共”高潮，中共广东省南路特委指示各地党组

织部署党员转入地下活动。1940 年秋，中共党员杨增按党组织计划，先以其位于霞里村的家为据点，开展革命工作，随后把据点扩大到南海小学和杨家在水东开办的“新和安”商店。1947 年又将据点扩展到木苏村杨永程家、明久小学和水东“源盛”商店，方圆十多公里，处处有据点。且杨增又购置船艇以供运送来往南海和水东的地下革命工作者，使南海、木苏、水东形成一个联络网。以杨增家为中心的霞里据点，成为茂电信工委的指挥枢纽，为茂电信工委和电白县委对党员工作的领导，为华南分局与粤桂边区党委的联系，为掩护部分领导干部和革命同志，发挥了重要作用。

▶广东省农民协会南路办事处旧址——南皋学舍

位于高州市区后街 40 号，为建于清末供州府学宫生员居住的古建筑，三进二层楼房结构。现为省级文物保护单位。

第一次国共两党合作期间，广东省农民协会南路办事处于 1926 年 7 月下旬从梅菉迁至高州城近圣书院，后移驻南皋学舍公开办公。茂名县农民协会筹备委员会同驻于此。中共南路党组织和中共茂名县党组织的领导机关也秘密设于此。在这里，曾举办过南路所属 15 个县的农民协会骨干培训班，召开过南路农民代表会议、南路工人代表会议、南路青年代表会议。1927 年 4 月 12 日，蒋介石发动反革命政变，国共合作破裂。中共南路党组织和省农协南路办事处机关于当月撤至广州湾(今湛江市)，秘密地继续指导南路农民革命运动。

“中华红”荔枝树

位于高州市根子镇元坝村。

2000 年 2 月，江泽民总书记到茂名视察时前往高州市南部的 20 万亩荔枝带，考察了“三高”(高产、高质、高效益)农业发展情况，并在根子镇元坝村红荔阁旁亲手种下了一棵优质良种“中华红”荔枝树。这棵不寻常的荔枝树被当地群众亲切地称为“‘三讲’爱民树”，并成为当地荔乡一大红色旅游新景点，每年慕名而来参观游览、拍照留影的人多不胜数。

香港学赈会青年回国服务团团部旧址——益寿庵

位于高州市西关路，为建于明代的古建筑，前殿为两层楼阁式建筑，殿门额上灰雕“益寿庵”三个大字，左右门联分别为“益上益下”、“寿国寿民”。现为茂名市、高州市文物保护单位。

1938 年 10 月，广州被日寇攻陷，广东南路岌岌可危。时国民党军抗日爱国将领张炎回到南路，驻守高州。张炎真诚拥护中共关于团结合作抗日的主张，亲自赴港会见中共八路军驻香港办事处负责人，要求共产党派政治干部协助开展抗日救亡工作。后经中共广东东南特委组织安排，以香港学生赈济会名义，派遣一个以中共党员为主的青年回国服务团前来协助张炎。1938 年 12 月 28

日，香港学赈会青年回国服务团第一团首批 26 人（翌年又增加近百人）在团长刘谈锋的率领下到达高州，其团部机关设在益寿庵。该团来到高州后，对建立抗日游击根据地，建立地方党组织都起到很大作用。1939 年 5 月，以周楠为书记的中共高雷工委（后改为中共南路特委）领导机关也秘密设于庵内。

▶七烈岩革命烈士牺牲地旧址

位于化州市平定镇天堂嶂石板坡。

1947 年底，国民党军队对化北游击区落楼嶂进行“围剿扫荡”。化北办事处、医疗所的工作人员及伤病员等 60 多人转移。为使队伍安全脱险，游击队员刘付振等八人组成敢死队，同敌展开激战，最后战死在洞里（只有一个因年纪小钻进洞中深处幸免于难）。敌人还残忍地将烧得面目全非

的游击队员的头割下来示众。事后，脱险的化北办事处和当地群众埋葬了烈士的尸骨，并把七壮士用鲜血染红的落楼颈岩洞命名为“七烈岩”。新中国成立后，当地为纪念革命烈士，在山脚下建起了革命烈士纪念碑，并定为爱国主义教育基地。2003 年化州有关部门又在颈岩洞雕刻了栩栩如生的七壮士大型浮雕。

▶怀乡起义指挥部旧址——怀乡小学

位于信宜市怀乡镇。旧址占地面积 257 平方米，建有怀乡起义纪念室，陈列烈士遗像、起义用的武器等物品 60 多件。先后被公布为茂名市文物保护单位、爱国主义教育基地。

1927 年 4 月，蒋介石在上海发动“四一二”反革命政变，大肆捕杀共产党人。1927 年 12 月，中共信宜县委按照中共广东省委指示，在南路特委朱也赤和信宜县委书记罗克明的领导下，举行了震撼粤西地区的怀乡起义。怀乡起义指挥部设在怀乡小学内的一座小楼里，部署整个起义的战斗计划。12 月 15 日夜，200 多名起义军从四面包围国民党二区区署及区团练局，次日凌晨攻入区团练局活捉国民党区长周植盛。16 日中午，宣布成立怀乡区苏维埃政府，颁政府令。四天后，国民政府纠集军警、民团“清剿”起义军。后因强敌“追剿”，县委决定分散隐蔽，待机活动。

特色景点

中国第一滩

位于茂名市茂港区南海半岛上，有“东方夏威夷”之称。度假区内有12公里长、沙质洁白细软、宽阔平缓的沙滩，沿沙滩外侧是连续不断宽达500—1000米的沿海防护林带，蓝天白云下，绿树与银滩共伴，为国内少见。度假区曾举办过多届世界和全国女子沙滩排球赛，在国内外享有较高的声誉。

高州冼太庙

位于高州市人民路。冼太夫人是6世纪时的岭南百越族女首领，一生致力于祖国统一和民族团结，功绩卓著，被周总理称为“中国巾帼英雄第一人”，更被民间尊称为“岭南圣母”，在广东、海南、东南亚等地有广泛影响。高州冼太庙为砖木结构，红墙绿瓦，斗拱飞檐，装饰华丽，运用彩绘、堆塑、雕刻等艺术形式，表现出浓郁的民族风格和地方风貌。

仙人洞自然风景旅游区

位于高州市北部的深镇镇境内，分布着大片的杜鹃林、千亩竹海、原始森林和天然瀑布群，还有珍稀植物禾雀花。这里山清水秀，空气清爽，负氧离子含量高，是一个天然的大氧吧。生活在仙人洞的人们都健康长寿，目前在该景区生活的百岁老人就有六位，远远超过世界长寿之乡的标准。因此，仙人洞又享有“长寿村”之美誉。

放鸡岛海上游乐世界

位于电白县水东镇东南 14.5 公里，既有山的雄伟，又有海的壮观，更有海底的五彩斑斓，是世界公认的美丽潜水胜地，海水能见度最高可达 8 米，周围海域的海底资源保存最为完整。根据潜水的地点、方式、服务、潜水装备的不同，潜水分为观光潜水和海外船潜、精品潜水、专业夜潜和夜潜狩猎。

镇隆古书院

位于信宜市的镇隆镇，那里有岭南地区罕见的古建筑群，集中了一批颇有特色的保存完好的古书院。镇隆建城于公元 621 年，从那时起到 1952 年，一直是信宜县城的所在地。虽然它的辉煌时期已经过去，现在的它只是一条村——信宜镇隆镇八坊村，不过，它却留下了一份沉甸甸的历史文化遗产，成为吸引中外旅客的好去处。

西江温泉度假村

位于信宜市郊北界镇西江村，四周群山起伏，层峦叠翠，风光秀丽，景色迷人；地下热源达 5 平方公里，露天泉涌达 100 多处，月流量近 10 万立方米，有药物健身池、药物理疗池、健身泉酒池、牛奶美容池等。经广州分析测试中心检测，西江温泉的水质属广东最好、为国内罕有的珍稀温泉——氟泉。

旅游服务

交通

铁路、公路

三茂铁路横贯全市，东接京广、广九线，西连黎湛线；阳茂高速公路、茂湛高速公路、207 国道、325 国道等形成便利的公路运输网络。

茂名河东汽车站

地址：茂名市站前四路

电话：0668—2820069

茂名火车站

地址：茂名市茂南区公馆镇

电话：0668—6566969

住宿

荔晶大酒店

雄踞茂名市人民南路、为民路及计星路交会处；地理位置优越，交通便利。拥有 238 间豪华客房，以及优雅的中餐、西餐厅，超大的多功能宴会厅，中西饮食荟萃一堂。

地址：茂名市人民南路 88 号

电话：0668—2953337

东园大酒店

一间以明清古典风格为主题的四星级酒店。

地址：茂名市茂南区官山四路 33 号

电话：0668—2737888

餐饮

来到茂名，除了欣赏这里的风景，投身于大自然，还得试一下这里的特色美食。这里的特色食品有电白海鲜，风味鸡类，粥类，还有其他的一些特色小食。

电白海鲜在市区、茂港区、水东镇各大酒家均有。如果你本人不是很喜欢吃海鲜的话，可以来品尝一下这里的风味鸡类，想不出鸡也可以做成这么多的特色菜吧？风味鸡类包括：化州油香鸡、隔水蒸鸡、高州盐焗鸡、信宜叫花鸡、电白沙琅酱油鸡。

如果你觉得吃鸡太饱了，或者想吃些清一点的东西，那么大可以尝尝这里的粥，试一下与外面的粥有什么不同。粥类包括：水东鸭粥、水东芥菜粥、金牌黄鳝粥、红豆猪骨粥，都是本地的特色粥类来的，可不要错过了。

至于其他的一些特色小食就比较多了，选择也比较多，应该有一味是合适你的。这里的特色小食有：牛角包、榴莲酥、芋头糕、信宜柴枪粉、食惯嘴米粉、化州千层糕、西江河鱼煲、艾饼、化州生蒜拌萝卜苗等。

ZHAOQING

肇庆红色之旅

旅游线路示意图

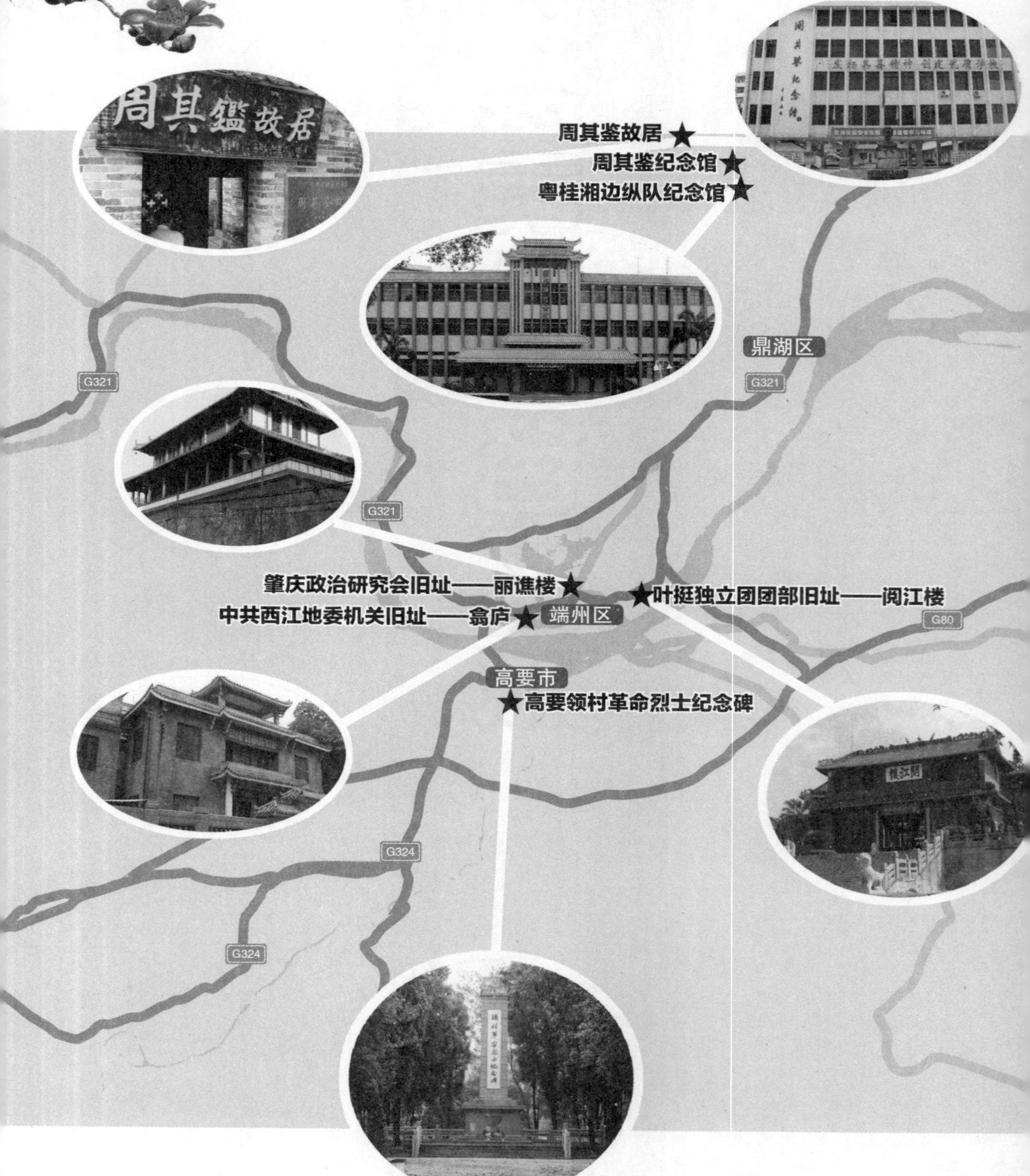
周其鑑故居
周其鉴故居
周其鉴纪念馆
粤桂湘边纵队纪念馆
鼎湖区
G321
G321
G321
肇庆政治研究会旧址——丽谯楼
叶挺独立团团部旧址——阅江楼
中共西江地委机关旧址——翕庐
端州区
G80
高要市
高要领村革命烈士纪念碑
G324
G324

红色景点

叶挺独立团团部旧址——阅江楼

位于肇庆市江滨东路西江河畔，始建于明代，是典型的岭南四合院式建筑群，为广东省四大名楼之首，南临西江，楼台高耸，重檐飞阁，蔚为壮观。1925年11月21日，根据中共广东区委的指示，以一批共产党员为骨干，在肇庆成立国民革命军第四军独立团（又称叶挺独立团），全团2100人，由共产党员叶挺任团长，团部驻阅江楼。独立团建立后，以苏联红军的模式进行严格的军政训练，使部队练出铁的作风，养成铁的纪律，形成铁的战斗力。在北伐战争中，独立团担任北伐先锋，为其所在的国民革命军第四军赢得“铁军”称誉，叶挺被誉为“北伐名将”。

1959年10月，根据朱德元帅抵肇视察时的指示，在阅江楼设立叶挺独立团团部旧址纪念馆，朱德亲笔为纪念馆题书馆名。先后有60多名党和国家领导人到过纪念馆参观考察。纪念馆的设施建设和文物征集日益完善，成为了肇庆

市开展干部群众和青少年革命传统教育和爱国主义教育的重要基地和著名的旅游景点。

▶肇庆政治研究会旧址——丽谯楼

位于肇庆市区城中路原肇庆府衙内。宋徽宗赵佶曾为端王，端州是他的封地，继皇位后，升端州为府，御书“肇庆府”。为供奉御书，于宋重和元年（1118）在府衙前筑高台建楼，名御书楼。明天顺六年（1462），郡守黄瑜重建，改称为丽谯楼。明末（1646），桂王朱由榔抗清时在此登基，改作永明宫。

1925年11月，叶挺独立团成立后，叶挺在丽谯楼设立西江宣传养成所，大力培养革命骨干分子，并成立“肇庆政治研究会”，创办《西江潮》，向民众宣传马列主义和党的路线方针等。1926年初，肇庆政治研究会随西江宣传养成所结束后，参加学员和会员们回到各县积极组织开展农民运动，成为了西江农运的主要骨干。新中国成立后，丽谯楼曾作高要县政府会场用，1989年被高要县人民政府公布为县级文物保护单位，1991年移交肇庆市文物部门管理。现在成为了肇庆旅游、教育的一个景点。

中共西江地委机关旧址——翕庐

翕庐位于现肇庆市正西路 45 号，于 1934 年建成，混凝土砖木结构，占地面积 1187 平方米，是典型的中西合璧式民国建筑。该地原为国民党高级将领余汉谋之兄余骏谋住宅。1949 年 10 月 21 日，继解放肇庆后，翕庐也被军管会接管。10 月 27 日，中共西江地方委员会成立，翕庐成为地委机关驻地。1952 年 12 月，西江地委与粤中地委合并，组建中共粤中区党委，翕庐作为西江地委机关驻地也随之结束。2000 年，翕庐被列入肇庆历史文化名城保护规划范围，作为市青少年进行爱国主义教育基地。2003 年 5 月，被肇庆市人民政府公布为市级文物保护单位。

▶高要领村革命烈士纪念碑

（摄影：罗桂荣）

位于高要市乐城镇领村村西南500米处的长岗山。1925年，在中共西江党组织的领导下，高要领村成立农民协会和农民自卫军，广泛发动群众开展农民运动。1926年1月初，地主反动武装数千人向设在领村的高要一区农会和端源乡农会发起进攻，领村、波河、料村三村被纵火焚烧一空。这就是历史上著名的“高要惨案”。惨案发生后，党派叶挺独立团出兵支援农军，平息了事件。“七七”事变后，当地国民党反动势力又组织地主反动武装“进剿”领村农卫军，农卫军120位志士献出了宝贵生命。1958年高要县人民政府兴建该碑，随后又进行了两次重修。1989年被高要县人民政府公布为县级重点文物保护单位。现成为了肇庆、高要干部群众和青少年的革命传统教育基地。

▶周其鉴故居与纪念馆

（摄影：中共广宁县委党史研究室）

周其鉴，1893年4月6日生于广宁县新楼村，是中共早期党员之一，中共西江党组织的创始人，广东农民运动四大领袖之一。周恩来曾高度评价说：“广东农民运动掌握领导是彭湃，在武装运动上，开始领导是周其鉴同志。”

周其鉴故居位于广宁县东乡镇新楼村三巷48号，

周其鉴在此出生并度过少年时代。这里也是大革命时期中共广宁支部旧址。故居先后被公布为省级文物保护单位、广宁县青少年德育基地。

(摄影：中共广宁县委党史研究室)

周其鉴纪念馆位于广宁县城东部其鉴中学内，为一座五层高大楼，建筑面积1200多平方米，馆名由原广东省省长朱森林题写。

粤桂湘边纵队纪念馆

位于广宁县城环城西路广宁县烈士陵园内。

中国人民解放军粤桂湘边纵队成立于1949年7月23日，是解放战争时期华南战场七支游击队之一，曾转战在粤桂湘三省边区50多个县，经历大小战斗799次，解放地区人口达300多万。其中，广宁是粤桂湘边纵队司令部所在地，

(摄影：广宁县博物馆)

广宁县城是人民解放军野战军到达之前，粤桂湘边纵队在西江解放的第一座县城。

粤桂湘边纵队纪念馆于 2009 年 7 月 23 日正式开馆，陈列厅面积达 600 多平方米，馆内陈列有“粤桂湘边纵队史迹”。

特色景点

星湖风景区

位于肇庆市区北约 4 公里处，由五湖、六岗、七岩、八洞组成，湖中有山，山中有洞，洞中有河，景在城中不见城，美如人间仙境，被人们誉为“人间仙境”、“岭南第一奇观”。

鼎湖山风景区

位于肇庆市区东北 18 公里处，由鼎湖、三宝、凤来、鸡笼、伏虎、青狮、石仔岭等十多座山峰组成，拥有北回归线上罕见的原始次森林，负离子含量居全国之最，被誉为“天然氧吧”、华南生物种类的“基因储存库”和“活的自然博物馆”。鼎湖山因其集风景旅游、科学研究、宗教朝拜于一体而被誉为岭南四大名山之首。

肇庆包公祠

位于肇庆市城西厂排街。包拯在肇庆任端州府尹三年，为官清廉，执法公正，关心百姓，大办实事，政绩显著，深受黎民百姓的尊敬和爱戴。宋代百姓为纪念他的公德，就在城区兴建了包公祠。现重建的包公祠是一座仿宋建筑群，具有岭南古建筑的特色和风格，每年到包公祠朝拜的粤港澳及东南亚游人络绎不绝。

肇庆古城墙

位于肇庆市区旧城区宋城路南侧，始建于宋政和三年（1113年），周长2800米。城墙开四门：东曰宋崇、西曰镇南、南曰端溪、北曰朝天。城门之上各有城门楼一座，四门之外有瓮城，城墙四角各有角楼一座，城外还有护城河。宋城墙因保留了广东唯一的、全国极少见的主体及城周基本完整的宋代砖城墙，于2002年被列为全国第五批重点保护单位。

盘龙峡生态旅游度假区

位于德庆县官圩镇，有闻名遐迩的“双龙飞瀑”和“烟雨飞瀑”等大小众多的瀑布群，有“中国勇士第一漂”之称的峡谷漂流。景区内古树参天，林木茂盛，空气负离子含量高达每立方米10万个，是观光、度假的旅游胜地。

世外桃源

位于怀集县桥头镇，是一个十分传奇的古村落。这里四面环山，风景与外界截然不同，成片成片桃花林，牛羊成群，牧歌声声，霞云在半山中缭绕，宛如人间仙境！这里的村民世世代代通过一段400多米长的有着众多地下天然雕像及佛地洞天的溶洞，千百年来靠着火把穿洞过穴与外界沟通，没有其他的通道，构成奇特、罕见的自然现象。

肇庆市旅游服务

交通

铁路

肇庆的火车直通广州、深圳和香港九龙。

肇庆火车站订票电话：0758—6161562

公路

肇庆市距广州 100 公里，距深圳 200 多公里，全市公路总里程 5602 公里。贯穿全市近半数乡镇的环市公路已改造成为高等级水泥路。肇庆班车四通八达，通达全省。

肇庆客运总站

地址：肇庆市端州四路 17 号

电话：0758—2233629

水路

流经全境的西江是肇庆出海口的黄金水道，肇庆港的客运快船四个小时可到达香港，还有多班轮船对开到内陆各地。肇庆至梧州航行时间三小时，肇庆至广州航行时间两小时。

市内交通

目前全市共有 21 路公共汽车来往穿梭于市区和城乡结合部。市内出租车起步价 5 元，2.6 元 / 公里或 2.8 元 / 公里。

住宿

华侨大厦

肇庆首家三星级涉外酒店，坐落在风景秀丽的七星湖畔，地处繁华的市中心，面向牌坊广场和音乐喷泉，湖景山色尽收眼底。

地址：肇庆市天宁北路 90 号

电话：0758—2232650

湖滨大酒店

坐落在肇庆市中心最繁华的天宁北路，毗邻星湖牌坊广场，是一家配套设施齐备、服务热情周到、地理位置优越，以政务、商务、旅游接待为主的三星级酒店。

地址：肇庆市天宁北路 82 号

电话：0758—2316068

餐饮

肇庆菜属于潮州菜系，风格味道都近似于潮菜。但是，肇庆也有一些自己的特色餐饮，山珍、野味、河鲜十分丰富。河鲜中的嘉鱼、三鳚鱼、西江河虾等等，更是早已远近闻名。在古塔路的大花坛附近有好多家大排档，专做夜宵。从天上到地下的飞鸟禽兽，有众多种类可选。在滨江中路有家名为“小夜曲”的餐馆，坐在二楼，可边吃边欣赏西江美景，饭菜价格不贵，色香味俱全，不妨一试。

肇庆裹蒸粽也是闻名遐迩。肇庆人制裹蒸粽非常讲究：一要选用具有色绿、叶香、防腐的冬叶作裹蒸的外皮；二要选用上好糯米和当年绿豆；三是做馅的猪肉以肥瘦相间的为上乘；四要加五香粉、曲酒作调料，以使馅味醇香、肥而不腻。

QINGYUAN

清远红色之旅

旅游线路示意图

连州西江冲子岩
冯达飞将军故居与纪念馆
连州市
连南瑶族自治县
乳源瑶族自治县
连山壮族瑶族自治区
红七军最早入粤境的地方——鹰扬关
阳山县
阳山坚守高陂108天战斗纪念碑
鱼湾革命烈士陵园
怀集县
清新县
清远农军攻城暴动集结地
清远市
广宁县
G107
G4
G323
G207
G78

红色景点

▶清远农军攻城暴动集结地

位于清城区东城街办道葫芦岭，现绿化条件好，已开发成人们休闲的场所。

1927 年 10 月 15 日，中共中央南方局和广东省委贯彻中央指示，决定全省迅速组织暴动，开展土地革命。11 月初，清远县的农民领袖、中共广东省委委员赖松柏在香港召开会议，决定立即在清远发动农军暴动。12 月 2 日，在清远县城成立以赖松柏、宋华、刘清为总指挥的清远县农军攻城暴动指挥部和以赖松柏为团长、宋华为参谋的清远县工农革命军独立团。3 日，清远农军和花县农军 300 余人集结于葫芦岭，兵分两路，攻打清远城，攻入县府，俘虏县长陈守仁，缴获大印。国民党当局不甘心失败，组织军队进行反扑。农军主动退出县城。此次暴动，显示了清远工农大众的革命气魄和力量，震惊了省城。七天后，赖德林等数十名清远农军参加了广州起义。

（摄影：徐贤坚）

▶红七军最早入粤境的地方——鹰扬关

位于连山壮族瑶族自治县永和镇上草村委会，距县城约 23 公里，是粤桂两省的交界点。

1930 年 9 月底，邓小平、张云逸等率领红七军在向中央苏区转移过程中，部分红七军于 1931 年 1 月 17 日从广西贺州市（原称贺县）桂岭圩，经板冲、炉冲口入上草鹰扬关，这是红七军最早进入粤境的地方，也是最早抵达连山境内的中共武装。部队在这一带将一些带不走的武器如小炮（山炮）和步枪等埋藏，然后向北行，到江华与红军大部队会合。

鹰扬关面积约 1.2 万平方米，主要文物遗迹有古城墙、古战壕、古堡垒等景点，以及覃应机的亲笔题字“红七军路过此关”，被称为“一脚踏三省”景区，是连山的主要人文旅游景点之一，先后被公布为连山县文物保护单位、爱国主义教育基地。

▶鱼湾革命烈士陵园

位于英德东华镇鱼湾社区花果山。

新中国成立后，为纪念第一、二次国内革命战争时期 53 位烈士、抗日战争

时期67位烈士、解放战争时期104位烈士和为新中国建设献身的15位烈士，在鱼湾人民大会堂后面兴建鱼湾革命烈士纪念碑。1991年8月迁至现址，建成“鱼湾革命烈士陵园”，占地面积2万平方米。1993年4月，在陵园中间的平台上安置原广东人民抗日游击队东江纵队北江支队队长邬强（1911—1992）的半身塑像，占地面积75.9平方米；塑像后为革命烈士纪念碑，正方形碑座，碑身方锥形，碑高12米，碑体上刻有“革命烈士永垂不朽”八个大字，碑座中为碑文，两侧分别为烈士姓名。烈士陵园附近还有鱼湾暴动（1931年8月28日）旧址和鱼湾苏维埃政府（1931年8月29日成立）旧址。

冯达飞将军故居与纪念馆

（摄影：徐贤坚）

位于连州市东陂镇东坡街达飞巷。

冯达飞（1901—1942），连州市东陂镇人，1924年参加中国共产党，曾留学苏联、德国学习军事，参加过广州起义，百色起义，中央苏区第二、三、四、五次反“围剿”，二万五千里长征和泾县战役等，历任红七军第二纵队司令、红八军代军长、新四军副支队长等职，是土地革命战争时期和抗日战争时期我军的杰出将领，优秀的共产党员。皖南事变后，牺牲于国民党上饶集中营。

冯达飞将军故居建于清光绪八年（1882年），为三开间的砖木结构平房，大厅中悬挂1950年连县人民政府授予的“革命之家”横匾。2005年连州市在故居旁修建了一座冯达飞将军纪念馆，纪念馆为仿古园林式古典

建筑，以照片和文字资料为主，真实地反映了冯达飞将军革命的一生。

▶连州西江冲子岩

位于连州市西江镇大岭村，周围是青山，附近有村庄，现保存较好。

1949年秋，连县、阳山敌人乘抗征队北上湘南之机“扫荡”游击区，西江乡民兵把部队的储备粮和群众的粮食移放在大岭一个可容数百人的冲子岩内，秋收时，国民党军队先后两次来抢粮，守岩的民兵和群众在洞外武工队的配合下，利用天然岩洞的地形抗击敌人。敌人向洞内投放大量手榴弹，在洞顶凿石放炮，在洞口堆辣椒干用火熏烟，种种办法均无济于事。在几个月的冲子岩保卫战中，毙伤敌10多人，冲子岩内的民兵群众和粮食财物却安然无恙。9月17日，攻岩失败的敌人，转移围攻外塘村。

▶坚守高陂一百零八天战斗纪念碑

位于阳山县黄坌镇高陂村。

1948年8月，西江“飞雷队”挺进阳山，在高陂与阳山武装起义队伍会师后，帮助高陂人民成立民兵组织。1949年8月13日至11月27日，国民党阳山县县长李谨彪纠集各类反动武装400多人，最多时逾千人，配备迫击炮2门、机关枪5挺，对黄坌乡和高陂村发动4次较大规模的疯狂“围剿”。高陂民兵坚持战斗108天，以土枪土炮先后打退敌人数十次进攻，歼敌60多人，取得保卫战的胜利。在保卫战中，武工队和民兵中有7人牺牲、13人受伤、38名群众因支持游击队而遭杀害，民房被烧毁368间。

纪念碑于2001年秋由阳山县委、县政府兴建，并得到广州地区老战士联谊会西北公司董事会和清远市老区建设促进会资助，高6.8米，建筑占地面积288平方米，是阳山县爱国主义教育基地。

特色景点

飞霞风景区

位于清远市东北部，是省级风景区和省级旅游度假中心，景区集自然景观和人文景观于一体，有山有水，由“小三峡”、道教七十二福地的第十九福地飞霞山、飞霞古洞等景点组成，可欣赏、倾听“远古”的钟声——飞霞编钟古乐，可坐船游江并品尝河鲜。

南岗千年瑶寨

位于连南瑶族自治县南岗镇，已有1400年历史。古寨依山而建，是全世界规模最大、最古老、最有特色的瑶寨，明清时期的古宅及寨门、寨墙、石板道等依然屹立，一排排青砖砌墙、黑瓦盖顶、整齐划一的古建筑民居保存完好。

湟川三峡

位于连州市连州镇与龙潭镇之间，全长20多公里，分龙泉峡、楞伽峡和羊跳峡，两岸茂林修竹、山花烂漫，瀑布一幅接一幅，似帘、似练、似玉带，山势收缩如刀切之齐，水势逼仄如束薪之急。坐在船上，仰而观峡，俯而观滩，心目不暇。

岭南第一峰

位于阳山县北部的秤架镇，海拔 1902 米，被誉为“广东屋脊”。高山耸立、奇峰峻岭、古树苍劲、瀑布壮观、温泉清秀，珍贵的动植物资源甚为丰富，是全省七大自然保护区之一，也是省级珍稀野生动物自然保护区。

英西峰林走廊

位于英德市西南的九龙、黄花两镇之间。英西峰林走廊形成于两亿多年前，属峰林、峰丛地貌，内有 1000 多座呈线形排列的石灰岩质山峰和大大小小的河流溪涧。整个景区绵延 20 余里，是目前广东省发现的最长的峰林游廊。

大旭山瀑布群旅游区

位于连山壮族瑶族自治县吉田镇大旭山，主要由五级连接紧凑的瀑布组成，有清新的空气、纯净的水质、保护完好的生态植被、众多的珍稀物种、浓郁的瑶族风情等，被誉为“广东九寨沟”、“岭南的西双版纳”。

旅游服务

交通

铁路

京广铁路从佛山进入清远市区经英德后入韶关，比较起来就不如取道公路方便。订票热线：0763—3879999

公路

乘直通班车走高速公路到达清远，从广州出发只需1小时。清远新投入使用的车站方便、信息集中，汽车、火车甚至航班信息你都能一次性查到。旧车站仍然在营运，只是设备简陋。在新旧站之间有一线路公交车相连。

清远市的交通主干线是107国道，辖内各乡镇也已全部通车。清远市分新旧客运站，往广州、深圳、珠海等方向的客车一律从新城区的客运站发车；而连接郊县和乡镇的汽车则从老城区客运站发车。

清远市区内公共汽车有16条路线，票价1元，部分实行自动投币。出租车起表价3公里内4元。摩的到处都有，一般起步价3元。

住宿

格豪假日酒店

一家商务型酒店，与粤北最大的高级时尚综合体——城市广场为伴，拥有225套舒适雅致的客房，规模宏大。

地址：清远市先锋中路18号城市广场

电话：0763—3333228转8518

嘉华大酒店

由香港港懋投资有限公司投资兴建和经营管理的四星级酒店，也是清远市最早的星级酒店之一，具有欧陆式建筑设计特点，各种服务设施配套齐全。

地址：清远市桥南路8号

电话：0763—3850038

餐饮

清远最出名的美食是白切清远鸡、鹅乸煲。另有一种叫刀切糍的，做的时候把黏米团切成条状，再拌上鹅肉汁、瘦肉、雪豆、芫茜煮熟了同吃，是当地人非常爱吃的小吃。老城区的沿江路和新城区的北江三路都是清远比较有名的食街，其他的还有连江路、下廊后街、麦围大街等，都是食店集中的地方。

CHAOZHOU

潮州红色之旅

旅游线路示意图

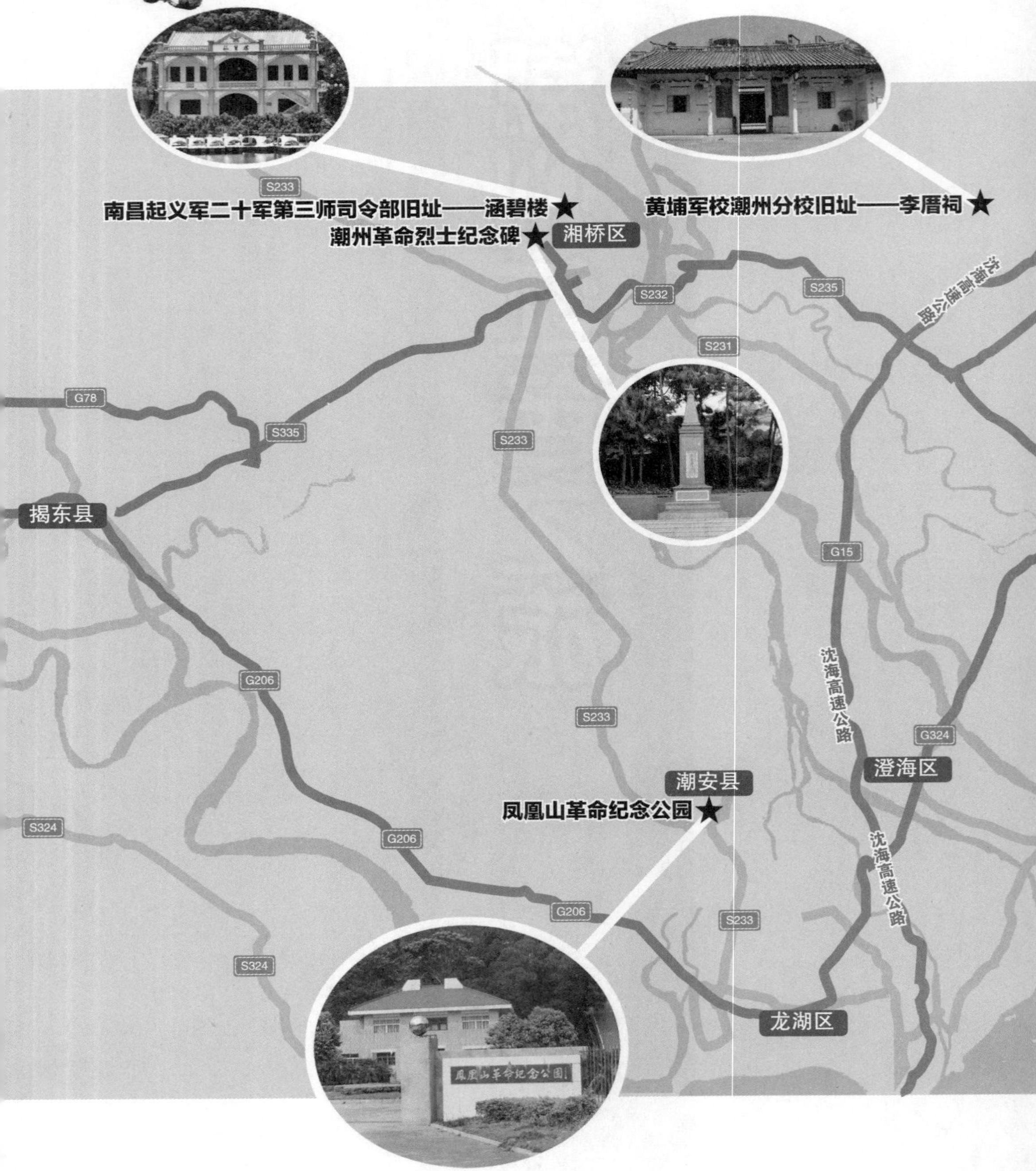
南昌起义军二十军第三师司令部旧址——涵碧楼
黄埔军校潮州分校旧址——李厝祠
潮州革命烈士纪念碑
湘桥区
S233
S232
S235
S231
沈海高速公路
G78
S335
揭东县
G15
G206
S324
G324
澄海区
潮安县
凤凰山革命纪念公园
龙湖区

红色景点

提示：关于潮州市南昌起义军挺进粤东红色景点见线路五

潮州革命烈士纪念碑

位于潮州市西湖公园内，1955 年清明节为纪念新民主主义革命时期为革命事业献出生命的烈士而建。

纪念碑高 9 米，四面皆有镌字，正（南）面题：“潮州革命烈士纪念碑。中国共产党潮安县、潮州市委员会，潮安县、潮州市人民委员会，中国新民主主义青年团潮安县、潮州市委员会，潮安县、潮州市工会联合会，潮安县、潮州市民主妇女联合会，一九五五年四月五日建。”北面刻有李春涛等 25 位烈士的姓名、性别和牺牲时间。东面刻“永垂不朽，中国共产党潮安县委员会立”。南面刻“万古长青，中国共产党潮州市委员会立”。现为潮州市重点文物保护单位。

▶黄埔军校潮州分校旧址——李厝祠

位于潮州市区中山路中段。

1925 年 11 月，国民革命军第二次东征抵潮州后，于 12 月在李厝祠创办了中国国民党陆军军官学校潮州分校。1926 年 5 月 1 日随设于黄埔的校本部改名而改称为国民革命军中央军事政治学校潮州分校。这是黄埔军校最早创办的一所分校。

李厝祠坐北朝南，面宽三间，纵深二进，斗拱抬梁式木结构。现为广东省重点文物保护单位。

▶凤凰山革命纪念公园

位于潮安县凤凰镇欧坑村。

凤凰山革命根据地是潮汕地区革命的摇篮，是中国共产党领导潮汕人民进行土地革命战争、抗日战争和解放战争的根据地之一，又属闽粤赣边区之组成部分。在 1930 年至 1949 年逾 20 年的革命斗争中，在这片热土上壮烈牺牲的革命英烈有姓名可考的就达 1000 多名。为了缅怀先烈，教育后人，由抗日韩江纵队第一支队、闽粤赣边纵队第四支队老战士倡议建立“凤凰山革命纪念公园”。

公园于 2003 年竣工落成，三面环山，包括烈士碑、纪念馆、碑廊、浮凤阁、韩凤亭、思源亭等部分，是潮州市重要的革命传统教育基地，也是一个亮丽的红色旅游景点。

特色景点

广济桥

位于潮州城东门外，横卧在滚滚的韩江之上，东临笔架山，西接东门闹市，南眺凤凰洲，北仰金城山，景色壮丽迷人，著名桥梁专家茅以升称其为“世界上最早的启闭式桥梁”。民谣唱曰：“到广不到潮，枉费走一遭；到潮不到桥，白白走一场。”

韩文公祠

位于潮州市韩江东岸笔架山麓，前后共两进院落，内有 40 多块石刻碑记，其中最著名的是苏轼所撰的《潮州韩文公庙碑》，以“文起八代之衰，而道济天下之溺，忠犯人主之怒，而勇夺三军之帅”这四句话概括了韩愈一生的品格和德业，以及他的学说和文章在中国思想史及文学史上的地位，准确精辟，极有气势。韩文公祠也因这篇文章而更加出名。

开元镇国禅寺

位于潮州市区开元路，创自唐朝开元二十六年(738 年)，是潮汕规模与影响最大的古刹，与潮阳灵山寺、揭阳双峰寺合称“潮州三大丛林”。它保有着唐宋宫殿式的建筑风格，又凝结了唐宋以来各个朝代的建筑艺术，当之无愧于“古代建筑艺术明珠”之美誉。

中国瓷都陈列馆

位于潮州市枫溪区，展览中心建筑面积 1.4 万多平方米，常年展出自唐宋以来各个时期潮州生产的各类陶瓷制品 6000 件(套)，设有历史陶瓷、获奖作品、日用陶瓷、工艺美术、名师名作、卫浴洁具及陶吧制作演示七个展区，是目前广东省内规模最大、数量最多、品种最全、档次最高的陶瓷展览基地，也是潮州市科普旅游的新景点。

凤凰天池

位于凤凰山脉乌山东峰顶部。天池特殊的气候使池面时而波浪滔天，时而水波不兴，传说中的西王母沐浴之处，更为其蒙上一层神秘的面纱。加上旅游区内富有传奇色彩的太子洞、仙井、太平寺、文天祥“正气堂”、茶树王“宋茶村”、各式各样奇形怪状的岩石、美丽的杜鹃坑、“日出胜景”等更让人流连忘返。

绿岛山庄

位于饶平县钱东镇，是一处按国家4A级景区标准建设，集地质科普、文物民俗、休闲度假、商务会议、游乐购物于一体的大型生态旅游度假胜地。它依山傍水，绿树成荫，近百年的高龄果树满山遍野，充满着大自然原始的山村气息。

旅游服务

交通

航空

目前潮州没有机场，乘坐飞机可以到汕头机场。潮州市区距离汕头机场仅有30多公里。在潮州长途汽车站乘坐往汕头的长途车，隔10分钟一班，票价10元，非常方便。潮州火车站每天也有多趟列车驶往广州，在广州亦可乘坐飞机。从潮州有多趟列车均能快速抵达广州，不过相对于到汕头而言，时间显得稍长。

潮州市航空查询电话：0768—2291929、0768—2399899转352

铁路

潮州铁路交通便利。广梅汕铁路穿越境内，将潮州纳入粤东铁路线路网，可以轻松乘坐列车到达广州、深圳、武昌、九江等城市；广州每天都有三班列车开至潮州。

潮州火车站位于市内新风路，乘坐2路公交车可达。

咨询电话：0768—6853708

公路

潮州市汽车总站位于市内潮枫路潮州宾馆对面，主要是发往省内各市以及福建、江西的长途汽车。发往汕头总站的长途汽车每隔10分钟一班，行程50分钟即到，票价10元；发往广州的长途汽车整点发车，行程5小时，票价160元；发往深圳罗湖汽车站，行程4个半小时，票价130元。

位于潮州市中心医院斜对面的西门车站也是潮州的长途客运站，主要是发往广州、深圳、珠海等省内的长途汽车。

潮州市汽车总站电话：0768—2202452

潮州市西门汽车站

电话：0768—2262450、0768—2285938

市内交通

潮州市内公交线路完备，目前开设有10条线路，每隔10分钟运行一个班次，涵盖了潮州大部分地区。出租车随处可见，招手即停，起步价7元。古城潮州市内还遍及人力三轮车以及机动三轮车，价格均为5元。

住宿

金龙宾馆

一家集客房、餐饮、旅游、娱乐、健身、商务于一体的多功能涉外星级酒店。

地址：潮州市环城南路35—37号

电话：0768—2383888

嘉逸湾商务公寓

坐落于潮州市繁华地段，与美丽的西湖公园遥相对望，邻近汽车总站，环境舒适。

地址：潮州市湘桥区西河路15号

电话：0768—3903222

餐饮

潮州饮食文化别具一格，潮州饮食最为出名的是潮州菜和潮州功夫茶。

潮州菜选料考究，口味崇尚清淡，重视菜肴原料的本来味道，制作非常精巧，尤擅长水产，能够运用炒、煎、炆、焖、泡、炸、烧、炖、烹、卤、熏、扣、淋等十几种方法来烹制美食，充分调动菜肴原味，将烹饪技巧发挥得淋漓尽致。明炉烧大海螺、厚菇芥菜、沙茶牛肉等菜肴不但清而不淡、鲜而不腥，而且还具有嫩而不生、郁而不腻的特点，成为了全国著名的潮菜代表。潮州菜十分有名，但却丝毫没有掩盖潮州当地小吃的风光。据统计，潮州各类小吃有230多种之多，主要表现为味尚清鲜，以炖、烧、炸、蒸、炒、泡等方法制成，如炒果条、溪口卤鹅、牛杂果条、鸭母念、墨斗丸、手捶牛肉丸、糍壳、香酥鸡翅等。小吃特点鲜明，风味独特，令人回味无穷，大有“余音绕梁，三日不绝”之感。无怪乎人们常说：“潮州佳肴甲天下，风味美食满神州。”

潮州功夫茶是中国古老的茶文化之一，在粤东当地更是把茶作为待客的最佳礼仪并加以完善，这不仅是因为茶在许多方面有着养生的作用，更因为自古以来茶就有“待君子，清心身”的意境。

JIEYANG

揭阳红色之旅

旅游线路示意图

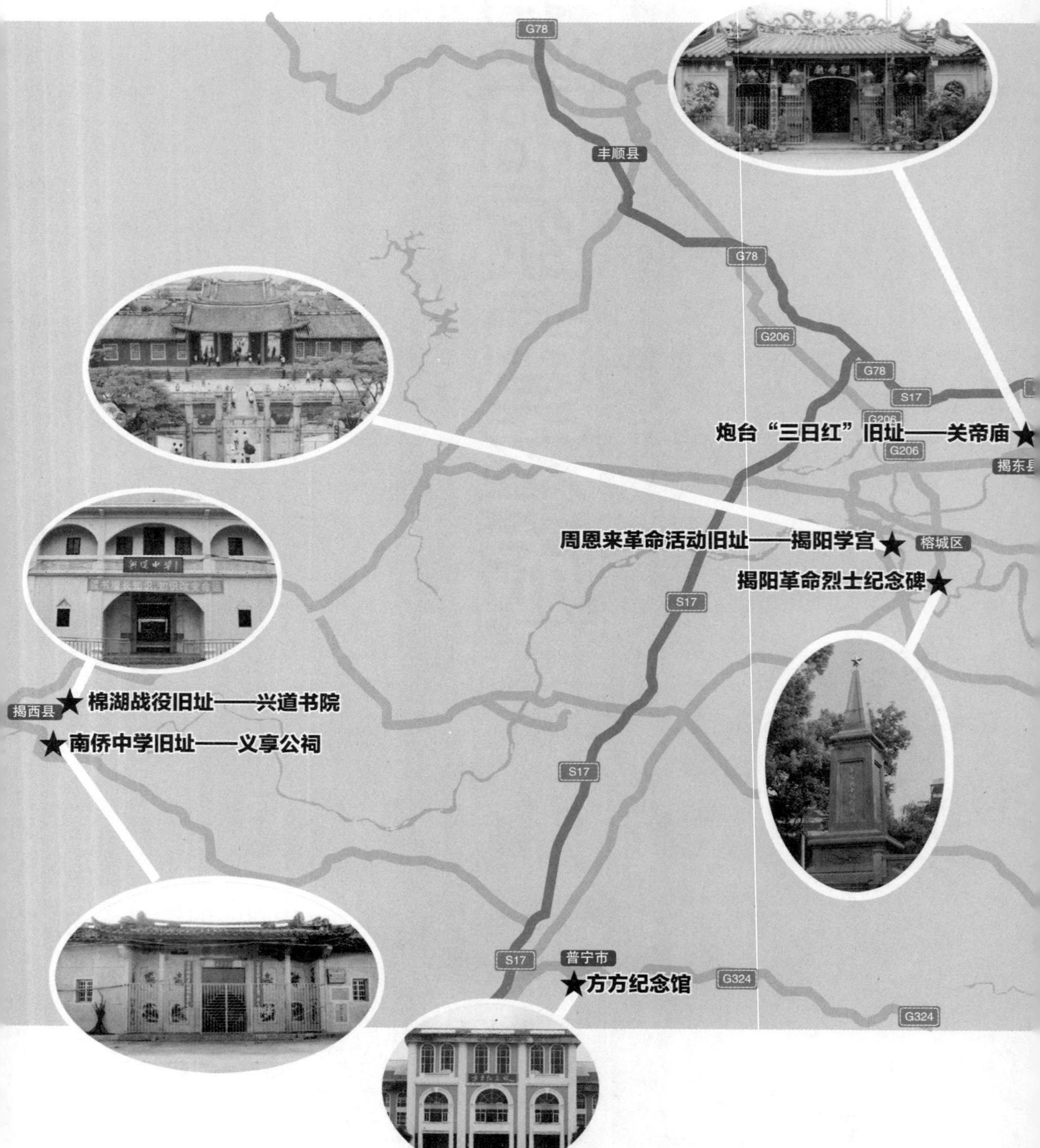
G78
丰顺县
G78
G206
G78
S17
G206
炮台“三日红”旧址——关帝庙
G206
揭东
周恩来革命活动旧址——揭阳学宫
榕城区
揭阳革命烈士纪念碑
S17
揭西县
棉湖战役旧址——兴道书院
南侨中学旧址——义享公祠
S17
S17
普宁市
方方纪念馆
G324
G324

红色景点

提示：揭阳市南昌起义军挺进粤东红色景点见线路五

▶周恩来革命活动旧址——揭阳学宫

位于揭阳市榕城区进贤门内韩祠路。

揭阳学宫是大革命时期周恩来三次来揭阳下榻和办公的地方。1925年1月，国民革命军开始第一次东征，周恩来于3月率黄埔学生军抵达揭阳，在学宫崇圣祠东厢房下榻、办公，在学宫内召开政治部工作会议，制定《军队经过地方政治工作案》和《组织行营医院案》。1925年10月，第二次东征开始，周恩来于11月率国民革命军第一军政治部入揭阳，下榻学宫崇圣祠，并在这里接见工农商学左派组织代表。1927年9月26日，叶挺、贺龙率南昌起义军5000人进入揭阳城，周恩来、叶挺、贺龙当天在学宫崇圣祠召集各部汇报工作，在学宫大成殿成立了揭阳工农革命委员会，在商民协会楼上部署了“汾水战役”进军计划。

揭阳学宫现为揭阳市博物馆，在崇圣祠辟有“周恩来同志在揭阳革命活动”专题展览，展出周恩来三次来揭阳的活动事迹、周恩来生平图片以及周恩来当年在这里下榻、办公的日用品等。先后被公布为省级文物保护单位、揭阳市和广东省爱国主义教育基地。

▶揭阳革命烈士纪念碑

（摄影：陈树洁）

位于揭阳市榕城区榕江公园内。始建于1958年揭阳县人民政府为纪念在历次革命战争中为国捐躯的先烈而建。该建筑坐北朝南，用花岗岩砌成，由基座、碑座、碑身三部分组成。基座及台阶通高3.5米，宽14米，顶部四栏环绕，碑身呈方形，连座通高10米，顶端为五角红星，正面刻有金色“烈士纪念碑”五个字，碑座四面刻和平鸽、麦穗和彩云浮雕图案。

▶炮台“三日红”旧址——关帝庙

位于揭东县炮台镇老市区。关帝庙建于明万历二十九年（1601），为三山门殿堂结构。清康熙、乾隆年间曾两度重修。现建筑坐北朝南、濒临榕江。先后被公布为揭东县重点文物保护单位、揭阳市爱国主义教育基地。

1927年4月21—23日，随第二次东征军进入揭阳领导农民运动的广东省特派员彭名芳，率二区农会赤卫队3000余人打进炮台镇，在这里行使政府权力三天，是潮梅海陆丰地区以彭湃、杨石魂领导的农民运动建立苏维埃政权的又

一次尝试，在潮汕影响很大，史称“炮台三日红”。1927 年 10 月 1—3 日，叶挺率南昌起义军二十四师，贺龙率第一师、第二师及东江农民自卫军部分兵力，绕道炮台镇，往普宁流沙，在关帝庙内设组织横渡榕江的临时指挥所。

▶棉湖战役旧址——兴道书院

位于揭西县棉湖镇南门居委兴道中学后。兴道书院建于清同治十一年(1872)，前后共有四进，前三进是厅堂，后进为楼房。正厅堂东侧是瑞文庄公祠，祠内有三乐堂。现三乐堂为棉湖战役展览室。正厅堂两侧墙设棉湖概况、曾习经和许涤新展览栏。兴道书院是棉湖战役除实际战场以外的代表性纪念旧址。

1925 年 3 月 12 日，第一次东征棉湖战役前夕，兴道书院为东征军总部驻地。周恩来住造凤楼下左房，蒋介石住右房。3 月 13 日东征军 1800 多人与陈炯明的林虎部近万人在揭西县金和镇河内村大公山、崩山一带激战，最终取得了胜利。棉湖战役是现代军事史上以少胜多的著名战例，也是国民革命赖以发展的决定性一战，具有重大的历史意义。

▶南侨中学旧址——义享公祠

位于揭西县金和镇和南村石虎山。义享公祠是一座建于清末的祠堂，有拜亭、两侧从厝和后楼，后楼中央的校史室陈列有一批历史文物。先后被公布为揭西县文物保护单位和揭阳市爱国主义教育基地。

（摄影：黄芳）

南侨中学是抗日战争时期潮汕著名的革命学校。1938 年 7 月，中共潮汕中心县委为适应抗日战争形势的需要，在义享公祠创办了“西山公学”。该校开学后声誉日著，获得了南洋爱国侨胞的支持，潮汕各县进步青年纷纷到此就读。同年秋更名为南侨中学。1939 年春，南侨中学在揭阳水流埔和潮阳和平两处各增设一分校，并在周围附设数十所农村民众夜校。1939 年秋，国民党掀起了第一次反共高潮，迫害抗日志士。为保存革命力量，组织骨干转移，两个分校合并于石虎山总校。1940 年国民党当局强令解散南侨中学。

▶方方纪念馆

位于普宁市洪阳镇文化广场北端，1998 年 3 月兴建，1999 年 9 月竣工。原国家主席杨尚昆题写了“方方纪念馆”馆名。该馆是为纪念我国老一辈无产阶级革命家、中国共产党优秀党员、久经考验的共产主义忠诚战士、党和国家侨务工作的卓越领导人方方而建。纪念馆为四层楼房建筑，面积约 2700 平方米，馆内一层中厅树立方方同志 3 米高铜质塑像，身后是反映流沙新貌的巨幅彩色

（摄影：罗汉斌）

照片，四周有毛泽东、邓小平、杨尚昆对方方的评价和题词。塑像基座刻有原国家副主席王震题写的“方方同志塑像”。馆内二层陈列厅约 600 平方米，以大量的历史照片、实物、方方手稿、党和国家领导人题词等共 400 多件文献资料，展示方方同志革命的一生、光辉的一生。

特色景点

进贤门城楼

位于原揭阳古城东、北二城门之间，始建于明代天启元年（1621）。揭阳原有东、西、南、北四门，进贤门为第五城门，这在古代城池建筑格局中实属罕见。因此门通抵学宫，取增进贤士之意，故称“进贤门”。进贤门是揭阳古城的标志性建筑，在揭阳“古八景”中被称作“谯楼晓角”。

榕江西湖

位于揭阳市区中部、南河北侧，有大小湖塘 20 多个，连成 300 多亩的宽阔水面。有九曲石桥横架湖中，中置双层湖心亭，古色古香，颇有江南园林意趣；环湖

垂柳，摇绿曳碧，拨云弄月，十分雅致；红墙黄瓦，掩映于丛林之中；虫唱鸟鸣，四时不断；游艇往来，清歌婉转，为粤东一大名胜之地。

黄满磜瀑布群

位于揭阳县京溪园粗坑村。千米河段上有多级瀑布，其中飞虹瀑布落差高度约 60 米，宽度约 80 米。银河瀑布高度约 120 米，集束奔流。还有三叠瀑、长寿瀑等，飞珠溅玉，声震山谷，享有“岭南第一瀑”的美誉。周围古藤缠绕，怪石嶙峋，翠竹遮天，是一处听水、赏水、戏水的胜地。

黄岐山风景区

位于揭阳市榕城区东北 4 公里，山上有九庵十八岩，山巅有岐山塔，山中有月容墓、侣云寺、卧云洞等名胜古迹和“海滨邹鲁”摩崖石刻等 20 余处，还有珍稀罕见的古槐、风景秀丽的水库和岭南佳果，是一处以山、石、林、水和名胜古迹为特点的自然风景区。

双峰寺

位于揭阳市区马山巷，为潮汕地区现存三大古寺之一。寺内殿宇壮观宏伟，天王殿、大雄宝殿、藏经楼三宇并立，观音阁、地藏阁精巧玲珑，东西长廊、耳房及角楼，结构严谨，整个寺院雕梁画栋，古朴大方。寺内珍藏有泰国华侨赠送之观音菩萨铜像，人们前来瞻仰，常常见到菩萨的耳环在微微摆动，被称为双峰一奇。

大洋度假村

位于揭西县大洋乡。大洋乡山清水秀，空气清新，云雾缭绕，仿似仙境，有“三坑一潭”，百丈悬崖，也有如画茶园，潺潺流水和高山湖泊等人造和天然景观。大洋度假村内有大片风格各异的别墅群、一个36洞国际级高尔夫球场、网球场、跑马场、射击场等，娱乐设施配套齐全，是南国得天独厚的避暑胜地，被誉为“中国云顶”。

旅游服务

交通

铁路、公路

揭阳交通发展迅猛。目前境内有国道206（烟汕线）、324（福昆线），省道1923（内隆线）、1929（葵和线）、1930（汕樟线）、1932（揭陆线）、1940（华五线）、1941（安前线）等公路干线。广梅汕铁路和深汕高速、揭普高速、梅揭高速、汕揭高速、潮揭高速等穿境而过。

揭阳岐山汽车站位于东山区晓翠路，有开往深圳、东莞、佛山、惠州等地的班车。

电话：0663—8292103

普宁流沙客运站位于普宁市流沙镇，是普宁市的汽车总站，有开往汕头（每隔15分钟）、揭阳（每隔30分钟）、澄海、潮州、珠海、东莞、香港、韶关等地的班车。

电话：0663—2222444

市内交通

揭阳市内公交方便，通达市内各地。出租车起步价5元3公里，3公里以后每公里1.4元。

住宿

榕江大酒店

揭阳首家五星级酒店，位于市区中心，地理条件优越，配备智能管理系统。

地址：揭阳市东山区岐山大道（市政府西侧）

电话：0663—8222888 转 8288

世茂名庭酒店

坐落于揭阳市中心城区的黄金位置，毗邻政治、金融、商业中心，拥有各类华丽舒适的客房、先进的商务会议配套以及富有现代感的时尚餐厅、棋牌、健身、网球等各类设施。

地址：揭阳市东山区建阳路以北仁义路以东世茂大厦

电话：0663—8788888

餐饮

揭阳菜属广东菜三大菜系中的潮州菜，极具岭南文化特色，刀工精巧，焖、炖、煎、炊、炒、淋、焗齐备；清而不淡，鲜而不腥，郁而不腻，色、香、味、美俱全。揭阳菜以烹制海鲜见长，汤菜、甜菜、素菜也各具特色。揭阳菜除了注重刀工，拼砌精巧，造型赏心悦目外，还很讲究调味，每菜必配相应酱料佐食。此外，民间点心、小食品种丰富、用料讲究、制作精细，乡土风味浓厚。地都青蟹、桃山格蓝样、神泉鱼丸、棉湖瓜丁、揭阳乒乓等是揭阳有名的小吃。此外，揭西一带还流行喝擂茶。

YUNFU

云浮红色之旅

旅游线路示意图

G80
G321
德庆县
G321
新四乡
G321
富林战斗纪念亭
中共三罗党组织联络站旧址——德兴昌车衣店
云安县
G321
G80
G80
大方镇
G80
G324
云浮市
S279
邓发故居
S276
G324
罗定市
罗定县农会收缴并烧毁田契旧址——菁莪书院
G324
蔡廷锴故居
邓发故居
S113
G324
新兴县
焦山战斗革命烈士陵园
S113

红色景点

邓发故居

位于云浮市云城区云城街道城西食糖村。邓发故居建于清光绪年间，为二进院落四合院式布局。邓发在参加革命前，一直在此居住了14年。故居先后被公布为广东省文物保护单位、广东省爱国主义教育基地。

邓发（1906—1946），我国著名的工人运动领袖。1922年参加香港海员大罢工，1925年参加中国共产党，1927年参加广州起义。曾任中共香港市委书记、广州市委书记、广东省委常委兼组织部长、中共中央委员、中华苏维埃政府中央执行委员兼国家政治保卫局局长、中共中央政治局候补委员。1934年10月参加长征。1936年底赴苏联与共产国际联系工作，回国后任中共中央驻新疆的代表和八路军驻新疆办事处主任。1938年9月在党的六届六中全会上补选为中央政治局委员、中央职工运动委员会书记。1945年9月，代表中国解放区职工出席在巴黎召开的世界职工代表大会，并当选为世界职工联合会理事和执行委员会委员。

1946年4月8日与王若飞、秦邦宪（博古）、叶挺等从重庆乘飞机返延安途中，因飞机失事，在山西兴县黑茶山不幸遇难。

▶蔡廷锴故居

位于罗定市罗镜镇龙岩村。蔡廷锴故居建于1912年，为砖瓦木结构的三进院落合院式农家大屋。现陈列有蔡廷锴将军生平事迹以及“一·二八”淞沪抗战重要史料图片、照片和实物，并被公布为广东省文物保护单位。

蔡廷锴（1892—1968），我国著名抗日爱国将领。早年参加孙中山领导的国民革命。1932年任国民党十九路军军长兼副总指挥，率十九路军参加淞沪抗战，与敌血战33天，使日本侵略军遭受重创，谱写了中华民族抗击外来侵略的新篇章，被海内外誉为“抗日名将”、“民族英雄”。1933年11月，与十九路军其他爱国将领联合国民党内李济深等一部分势力，公开宣布与蒋介石决裂，在福建成立“中华共和国人民革命政府”。1946年，在广州与李济深等共组中国国民党民主促进会。建国后，曾任国防委员会副主席、国家体委副主任等职，为人民革命和社会主义建设事业做出了重要贡献。1968年4月28日在北京逝世。

▶罗定县农会收缴并烧毁田契旧址——菁莪书院

位于罗定市罗城镇道前街。书院为三进院式布局，内收藏有不少书籍字画，并设书房、客厅十间。先后被公布为罗定县文物保护单位、广东省文物保护单位。

菁莪书院建于清光绪十二年（1886）。由州学正梁炳南和州绅梁翌龙、陈河清等公议集资倡建，并购置田产，利用田租收入赞助赴省、上京应试的考生，称为罗定州印金局，是教育董事会的会所。1925年，罗定县农民协会曾在菁莪书院领导减租减息斗争，在院内收缴地主的田契并当众烧毁。

▶焦山战斗革命烈士陵园

位于新兴县太平镇焦山村山嘴。

1945年2月，广东人民抗日解放军主力部队，从高鹤抗日根据地出发，向

西挺进，准备开辟云雾山区抗日根据地。部队行经新兴焦山村时，遭到国民党顽军一五八师的突然袭击。在地形不利、敌众我寡的危急关头，挺进部队指战员们临危不惧，坚持自卫还击。激战至夜晚，挺进部队分两路撤出战斗，继续挺进。在这次战斗中，挺进部队遭受重大损失，包括司令员梁鸿钧在内的59位指战员壮烈牺牲。

1957年12月，为纪念在焦山战斗中死难的革命烈士，新兴县人民委员会在上沙区太岗山建立焦山革命烈士纪念碑。1985年5月，迁址于战斗发生地焦山村山嘴，并改名为焦山战斗革命烈士陵园。陵园宏伟壮观，庄严肃穆，是新兴八景之一——“焦山红陵”，也是云浮市和新兴县的爱国主义教育基地。

►中共三罗党组织联络站旧址——德兴昌车衣店

位于郁南县都城镇中山路“风行楼”右侧的198号。旧址为砖木结构三层楼底铺，面积90平方米，现为万应药店。

1940年下半年，中共郁南地下党员刘俊英遵照西江特委和三罗党组织的指示，以经营都城“德兴昌车衣店”为掩护，为党组织从事联络工作和筹集活动经费，并接待和掩护了省、地、县委一大批干部及家属，保障了他们的安全和经费供给；为1948年郁南“四一八”武装起义筹措经费10余亿元（国币），后全部兑换成港币、黄金交给党组织，供起义部队用。起义发生后，该站被国民党反动派查封。

▶富林战斗纪念亭

位于云安县富林镇。

1948 年 1 月 7 日，粤中纵队第六支队在富林镇打响了解放战争时期三罗武装斗争的第一枪。这一枪威震了三罗地区，使敌人闻风丧胆，为开辟云、罗、阳、郁边区游击根据地打下了基础。

1996 年，云安县人民政府为纪念这具有重要历史意义的武装斗争第一枪，在群山环抱的石狗山上兴建了富林战斗纪念亭。纪念亭正面檐下匾额上写着“富林战斗纪念亭”，字迹雄劲有力。亭后有一副照壁，正面上书“云雾山头野火红”几个苍劲楷书。亭后两侧竖起 15 座花岗岩石碑，石碑上刻着原粤中纵队领导人的墨迹。纪念亭后面与之遥遥相对的是庄严的富林革命烈士纪念碑。

特色景点

蟠龙洞

位于云浮市区城北的狮子山中，属典型的喀斯特溶洞，是地下水在大理岩的石缝中流动，经漫长年代不断侵蚀扩大而成的，因其洞体迂回曲折，形若蛟龙，故得名。洞分三层，上层“天堂”通天洞，下层龙泉地下河，中层九龙长廊，层层相连，曲折迷人。洞内石花高挂，钟乳低垂，石笋石柱如林；洞中有洞，处处有景，景景皆奇，景物天成。

龙珠岛

也称为“百花岛”，一年四季鸟语花香，是一个难得的梯级形的绿化情人岛和观赏花香岛。置身龙珠岛，如同投入天湖怀抱，坐拥天湖美丽风光。游客可从广场直接坐船靠岸龙珠岛码头，上岛探秘游玩，或林中小憩，或烧烤聚会，或唱歌娱乐，美妙无比。

国恩寺

位于新兴县集成镇龙山脚下，又名“龙山寺”、“报恩寺”，是六祖惠能的旧居和圆寂之所，也是《六祖法宝坛经》的辑录地。始建于唐高宗弘道元年(683)，唐中宗神龙二年（706）下诏赐名为“国恩寺”，至今已有1300多年的历史。寺庙经历朝修建，布局壮观。

龙山温泉

位于新兴县集成镇龙山下，国恩寺旁，是广东省内稀有的硫氢化物泉。温泉水采自地岩深处的隙缝，比一般泉水轻软，含硫磺、氡、二氧化钠等20多种矿物成分，对风湿性关节炎等30多种疾病有特殊疗效，且具有解毒脱敏、舒筋活络、消除疲劳、强身健体等功效，被喻为“神仙水”。

龙龛岩

位于罗定市苹塘谈礼村，据传有老龙蜕骨岩中，故名。岩内有岭南第一唐刻《龙龛道场铭并序》，由唐代大将军陈集源撰写，镌刻于洞壁，距今1300余年。该铭序引用很多佛教用语和武则天创制新字十余个，是广东现存年代最早、保留文字最多的初唐摩岩石刻，历来被称为“粤之瑰宝”，有着珍贵的史料价值。

大王山森林公园

位于郁南县城都城镇的东北面，面积806公顷。区内林木青翠、山峦起伏、林阴蔽日、空气清新，既可享回归自然的乐趣，又可眺望四周自然风光和西江两岸美景。

旅游服务

交通

铁路、公路

三茂（三水—茂名）铁路穿过云城区和新兴县，旅客车站在新兴县新城镇。

公路 324 国道、广梧高速横穿云浮市。

云浮汽车总站位于兴云中路，有前往省内各地和广西桂林、南宁、梧州，福建福州等地的班车。

电话：0766—8181192

市内交通

云浮市内有大量中巴来往罗定、郁南、新兴、云安等下属县区。出租车起步价 7 元，2 公里以后每公里 1.8 元，新兴、罗定等县市更便宜。

住宿

云浮市迎宾馆

由市政府按国际五星级标准投资兴建的商务、休闲、自然生态式宾馆酒店，曾获“中国 AAAA 绿色饭店”称号。

地址：云浮市行政中心侧

电话：0766—8988688

新兴金水台温泉

国家 4A 级旅游景区，环境优美，到金水台温泉休闲、度假、养生、会议，不但可以饱览这里优美的湖光山色，还可以以天然负离子清洗心肺，聆听百鸟欢唱。

地址：新兴县水台镇

电话：0766—2513111

餐饮

云浮菜属粤菜，具有典型的粤西风味。罗定鱼腐、六祖素斋之罗汉斋、勒竹田螺、茶洞豆腐、天堂狗肉、罗定豆豉鸡、西江河鲜等都是云浮的特色美食。城南食街是品尝云浮美食的好去处。

后 记

《广东红色之旅》一书，终于正式出版了。本书由中共广东省委宣传部指导策划、广东省委党史研究室编撰、广东人民出版社出版，列入广东“红色记忆丛书”之一，是为发展广东省红色旅游而推出的一项重要举措，也是向党的90岁生日献上的一份厚礼。

南粤大地是一块具有悠久革命历史和光荣革命传统的红色土地，从中国共产党创立和大革命时期，到抗日战争和解放战争时期，再到社会主义建设时期，党领导人民进行了艰苦卓绝的革命斗争和社会主义宏伟事业建设，留下了众多红色革命遗址。这些红色资源数量多、分布广、类型全，是广东党和人民的传世之宝，也是全国珍贵的革命故地的重要组成部分，更是进行革命传统教育和爱国主义教育的生动课堂。编撰《广东红色之旅》，对广东的红色旅游资源进行梳理、整合、介绍，对于构建广东红色旅游体系，加快广东红色旅游发展，无疑起到了积极的推动作用，它让广大读者和旅游工作者在认识广东、重温历史的同时，又进行了一次心灵的洗礼。

本书同时也被列为广东省委党史研究室建党90周年重点出版物之一，室领导高度重视，多次在会议上部署检查，审查提纲。本书由室主任陈俊风审定把关，王国梁、谢东江二位同志具体负责编撰整理。本书主要根据《红广角》（原《广东党史》）杂志《红色旅游》专栏发表的文章进行整理、充实。本书策划介绍了全省八条红色经典线路，除五个地级市列入红色经典线路外，其他16个地级市的红色旅游景点也分别作了单列介绍，分《旅游路线示意图》、《历史回放》、《线路点评》、《红色景点》、《历史小故事》、《特色景点》、《旅游服务》等栏目，用简明扼要的文字和大量直观丰富的图片，向读者介绍和展示了全省大约200多个红色景点的基本情况、曾经发生过的革命故事以及全省各市其他著名的人文生态旅游景点和交通、饮食、住宿等情况。

我们的工作得到了各方面的关心和支持，省委宣传部、省委党史研究室有关领导多次过问本书的编写整理情况，广东人民出版社编辑人员多次与我们座谈讨论，对本书的策划、编写给予了很大的帮助。省委党史研究室第一研究处、各地市、县（区）党史研究室向我们提供了许多珍贵的资料，给我们多方配合与支持。在此，我们深表谢意！本书旅游服务信息也参考了《广东自助游》（上海唐码城邦咨询有限公司北京分公司编著，人民邮电出版社2010年版）等书籍和 http://www.youabc.com 等网络内容，在此一并致谢！

因时间仓促、水平所限，错漏在所难免；部分内容、图片还有待丰富，敬请各位领导、专家、读者批评指正。

编　者

2011年6月